横浜江戸散歩

Yokohama Edo Sanpo

斉藤司

神奈川新聞社

はじめに

本書は、一九九五年から九八年にかけて横浜市歴史博物館に関連する企画として神奈川新聞よこはま瓦版に連載された「2万年の時空を超えて」（九五年七月七日〜九六年八月三十日）と「歴史のクエスチョン〜市歴史博物館を訪ねて」（九六年九月六日〜九八年九月二十五日）のうち、筆者執筆分の合計三十二本（それぞれの項目名は、①「江戸時代」1〜7〈九六年二月二日〜三月一日・四月十二日・四月十九日〉②「東海道と神奈川宿」1〜5〈九六年三月五日〜四月五日〉③「絵図」1〜4〈九七年三月七日〜四月四日〉④「江戸」1〜8〈九七年十一月十四日〜九八年一月九日〉⑤「上大岡村」1〜8〈九八年五月一日〜六月十九日〉）と、横浜市資源リサイクル事業協同組合の情報誌『月刊リサイクルデザイン』一五五号（二〇〇七年八月）〜二一〇号（一二年三月）に連載された「れきしよもやまばなし」五十三本を、加筆・修正し所収しました。

神奈川新聞掲載分のうち、②については一九九六年三月五日〜四月七日開催の横浜市歴史博物館企画展「東海道と神奈川宿」、③については九七年三月八日〜四月六日開催の同館企画展「江戸時代の横浜の姿―絵図・地誌などにみる―」、⑤については九八年四月二十五日〜六月七日開催の同館企画展「地図・古文書で探る村と名主―武蔵国久良岐郡上大岡村―」にそれぞれ関連して掲載しました。①は横浜市域の江戸時代の概要と特色を、④は東海道と宿場を中心に執筆しました。一方、『月刊リサイクルデザイン』掲載分については、特にテーマを定めず、その時々の問題、関心で執筆しており、必ずしも一貫した流れはありません。

本書の構成は、「第1章　横浜の村と村人」、「第2章　東海道と宿場」、「第3章　名所旧跡・物見遊山」、「第4章　江戸こぼればなし」の四章立てとしました。第1章～第3章は、江戸時代における横浜市域の特徴を端的に示す項目で、神奈川新聞掲載分を前半に、それを補足する形で『月刊リサイクルデザイン』掲載分を後半に配置しました。第4章は、第1章～第3章に入らない『月刊リサイクルデザイン』掲載分を集めました。いずれも全体の流れを意識しつつ、順序の組み替えや修正・削除などの調整を行いましたが、長期間にわたる執筆のため、内容面での重複についてはあえて削除しなかった部分もあります。また、掲載時の図版・挿絵を、諸般の事情で割愛したため、特に絵画・絵図に関する部分については文意が取りづらいものもみられますが、読者のご寛恕を得られれば幸いです。

なお、神奈川新聞掲載分については文章の末尾に掲載年月日を、『月刊リサイクルデザイン』掲載分については同様に掲載年月と掲載号を付記しました。

目次

はじめに
第1章　横浜の村と村人……7
江戸時代1　村単位で農村支配……9
江戸時代2　商人らが新田開発……10
上大岡1　地勢を伝える村絵図……12
絵図1　描かれる人々の意識……13
上大岡2　廻状と高札使い支配……15
上大岡3　宗門人別帳と村の人口……17
上大岡4　検地帳と耕地の把握……18
上大岡5　年貢の割付と皆済……20
上大岡6　寺と神社・村人たちの心の核に……21
上大岡7　若者たちの結びつき……23
上大岡8　村役人を中心に運営……27
絵図2　鶴見橋　物流支えた重要拠点……28
絵図3　野毛　盛んだった海苔作り……32
江戸時代の人口……36
江戸時代の村役人……37
土地の測量と面積の単位……38
米の量り方……39
家の「屋号」……40
江戸時代における農家一軒の耕作面積は？……41
田畑へ息を吹き込むということ……42
年を祭り替えること……43
絵地図の向き……44
「江」と横浜の関係？……45
埋め立てと干拓―海岸部の新田開発……48
横浜にも住んでいた猪と鹿……49
富士山の噴火と帷子川への影響……50
宝永の富士山噴火と保土ケ谷宿助郷村々……51
第2章　東海道と宿場……53
東海道と神奈川宿1　神奈川宿の成立……55

江戸1　本陣　宿場の有力者が設置……56
江戸2　宿役人　問屋場へ詰め差配も……58
江戸3　一里塚　街道のランドマーク……60
江戸4　見附　町並みの範囲を示す……61
江戸時代3　藩直営の七里飛脚……63
江戸5　立場　大名や旅行者が休息……65
江戸6　並木　多くの浮世絵に描写……66
江戸7　道幅　現在より格段に狭く……68
江戸時代4　風避けの神奈川湊……69
江戸5　幕府に魚の献上も……71
いろいろな一里の長さ……73
参勤交代の宿泊……74
道中の宿泊事情……75
旅の見送りと出迎え……76
戸塚前の保土ケ谷……77
小田原提灯と箱根八里……78
川の交差点―多摩川「六郷の渡し」……79
都市の生産物……80
神奈川宿の質屋仲間……81
神奈川宿の「火防人足」……82
御菜八か浦と魚の流通……83
資金の運用方法……84
横浜のシルクロード……85
神奈川県と横浜市……86

第3章　名所旧跡・物見遊山……87

絵図4　金沢八景　眺望を誇った能見堂……89
東海道と神奈川宿2　名所だった「人穴」……92
東海道と神奈川宿3　浦島伝説と龍燈松……94
東海道と神奈川宿4　台町の名所「十五景」……95
東海道と神奈川宿5　亀甲煎餅が名物に……97
江戸時代6　保土ケ谷宿の浮世絵……99
江戸時代7　分岐点に大仏の絵……100
名所の典型―「〇〇八景」……102
江戸8　金沢道　名所・旧跡への枝道……103
能見堂の遠眼鏡……104

弘明寺への道標 105
地域霊場の成立 106
地域名のつく富士山―○○富士 107
雨乞いと大山 108
房総半島からの大山参りのルート 109

第4章 江戸こぼればなし 113
「春夏冬中」考 115
「二升五合」考 116
「四六時中」と「二六時中」 117
「八」「八分」考 118
詫び証文と「仍て件の如し」 119
九十六文で百文とは？―「丁百銭」と「九六銭」 120
今と昔の「一昔」 121
「上り」「下り」と地域名称 122
今と昔の季節感 123
江戸時代も「ハンコ社会」 124
三斎市と六斎市 125
言霊について 126
神秘なる音 127
方位を示す色 128
「玄人」と「素人」 129
九尺二間の我が家 130
井戸の底から何が出る？ 131
富山の薬売りのおみやげ 132

おわりに 134

第1章　横浜の村と村人

江戸時代1　村単位で農村支配

天正十八（一五九〇）年八月一日、徳川家康はそれまでの領国であった東海地方から新たな領国の中心地として選んだ江戸へ入りました。その後、家康は、慶長五（一六〇〇）年の関ケ原の戦いに勝利し、次いで慶長八（一六〇三）年に征夷大将軍に任じられ、江戸に幕府を開くこととなります。江戸時代の始まりです。これ以降、慶応三（一八六七）年のいわゆる大政奉還に至るまでの約二百六十年間にわたり、幕府と大名を中心とする政治体制が続きます。

江戸時代において、人々の生活や生産は村を単位として行われました。また、この村は同時に、幕府の代官や大名・旗本といった領主などが支配を行うための基本的な単位でもありました。こうした村は、全国で約六万、存在していました。

この当時、相模国の鎌倉郡、武蔵国の橘樹郡・都筑郡・久良岐郡という四つの郡に属していた横浜市域には、全体で約二百の村が存在していました。政治の中心地である江戸に近接していた市域の村々は、幕府の直轄地（幕府領）や、幕府の直接の軍事力である旗本の領地が多く分布しており、幕府の代官や旗本たちによって支配されていました。

江戸時代の村は、現在の字や大字に相当する規模のもので、通常数十軒の家と数百人の農民たちから構成されています。この中で、人々は日々の生活を営み、農業を行っています。農作業に必要な水や山野の利用、人々の生活を維持するために必要な取り決めなどは、この村の枠組みを前提として行われました。また、検地の実施や年貢の徴収、家数・人口の調査などといった領主や代官の支配に関する事柄も、村を単位として行われています。特に年貢の賦課は村宛で行われ、定められた年貢を納入できないときには村全体の責任とされました。

こうした村をまとめるため、村方三役と呼ばれる名主（庄屋）・組頭（年寄）・百姓代といった村役人が置かれています。特に名主は村の代表として重大な責任を負っていました。かれらは村を代表して、領主や代官への年貢の納入やさまざまな書類を作成し、村の中で起きるもめ事の解決や、他村との争いや交渉の際には先頭に立って解決に当たりました。

１９９６年２月２日

江戸時代２　商人らが新田開発

徳川家康の天下統一によって、「徳川の平和」とよばれる戦乱のない安定した時代がはじまると、全国各地で「新田開発」と総称される耕地の開発や、そのために必要な用水の開削などの工事が行われました。こうした事業は、当初は幕府の代官や有力な農民の主導による場合が多くみられます。

たとえば、多摩川から取水している稲毛川崎二ケ領用水（現在の川崎市一帯や鶴見川以北の市域の村々で利用された）や六郷用水（現在の世田谷区や大田区の村々で利用された）の建設は、近世初頭に橘樹郡・都筑郡の代官であった小泉次大夫吉次の指導によるものでした。

しかし、十七世紀も半ばを過ぎると、江戸の商人の出資による新田開発が多くなります。彼らの多くは、当時新興都市であった江戸の開発の過程で利益を得た者たちであり、おそらくその利潤の投下先として新田開発に触手を伸ばしたものと思われます。

横浜市域における江戸の商人による新田開発の代表的なものは、吉田勘兵衛を中心として行われた吉田新田の開発です。吉田勘兵衛は、江戸の材木商で、万治元（一六五八）年の江戸城本丸御門の工事の際には材木などを工事の担当であった相馬家へ納めています。吉田新田の開発は、幕府の許可を受けて明暦二（一六五六）年より行われましたが、翌年の大雨のため堤が破壊され挫折しました。しかし、万治二（一六五九）年に工事を再開し、寛文七（一六六七）年に完成しています。

こうした工事には、多額の費用がかかるため、複数の人物によって資金が賄われたものと思われます。吉田新田の場合には、吉田勘兵衛のほかにも、箱根用水の開削に関係した友野与右衛門や、相模国三浦郡の内川新田（横須賀市）や武蔵国葛飾郡宝六島新田（江東区）の開発を行った砂村新左衛門などが関与しています。

この他、寛文十二（一六七二）年から延宝元（一六七三）年ころにかけて、橘樹郡の白幡村・六角橋村（神奈川区）周辺の秣場や、久良岐郡の日野四か村（港南区）及び篠下七か村（港南区・磯子区）周辺の山を、開発して耕地にすることが、江戸の町人によって計画されました。しかし、開発の対象となった秣場や山は、周辺の村々にとって農業生産や日々の生活を営むために不可欠な肥料や燃料の供給源として利用されていたため、反対運動が起きています。

１９９６年２月９日

上大岡1　地勢を伝える村絵図

【江戸時代の村絵図からはどのようなことがわかるのでしょうか】

村絵図は、領主や代官が交代する際や、隣接した村と村との間のさまざまな争論の時に作成されています。したがって、作成される理由や意図によって、その絵図に描かれる要素や内容も異なってきます。

ここでは、武蔵国久良岐郡上大岡村（現在の横浜市港南区上大岡東・上大岡西にほぼ該当する地域）の旧家である北見和夫家に伝来していた同村の村絵図を素材にして少し説明してみます。

この絵図が作成された時期や経緯については、絵図自体にその記載がないため、残念ながらはっきりしたことはわかりません。しかし、十九世紀に作成されたものと思われます。この絵図には、図の下部を南から西へ流れる大岡川や、ほぼそれと平行に走る「保土ケ谷宿より金沢浦賀道」、大岡川沿いの低地に拡がる田畑、屋敷地の背後にある丘陵、といった上大岡村の地勢がよく表現されています。図の左上には「イロワケ」として、色の凡例が記されており、田・畑・山・芝野・川堀・道などについてはそれぞれ該当する色によって塗り分けられています。また、上大岡村はもともと「大岡郷」

として下大岡村（現在の横浜市南区大岡町にほぼ該当する範囲）と一緒であったものが十七世紀半ば頃に、分村して成立したという事情から、相互に飛地が入り組んでいました。そのため、この絵図でも下大岡村の飛地がみられます。

その他、領主からの高札をかかげる高札場の地点が二か所記されています。これは当時の上大岡村（村高三二二石余）が、旗本倉橋氏（一二三石余）と旗本荒川氏（九八石余）という二人の領主によって支配されており、それぞれの高札場が存在していたためと考えられます。また、家の形をした記号が屋敷を意味しており、屋根の色によって「御持百姓」（白）、「御相給百姓」（黒）に分けられています。「相給」とは、ここでは片方の領主やその領地の百姓からみて、もう一人の領主やその領地の百姓を指しています。したがって、この絵図が倉橋氏領の名主であった北見家に伝来していることから、「御持百姓」は倉橋氏領の百姓の屋敷を、「御相給百姓」は荒川氏領の百姓の屋敷を、それぞれ意味していることになります。

1998年5月1日

絵図1　描かれる人々の意識

【江戸時代の絵図とはどのようなものでしょうか】

一般に地図の歴史は、絵画による素朴かつ単純なものから、測量技術の進展にもとづく地理的な知識の深化や情報の整理・体系化により、次第に精密かつ科学的なものへと発達していったと理解されています。また、記号化されている現代の絵図に比べて、絵画による表現の仕方は、過去のものとして理解されているようです。

しかし、個々の絵図や地図には、それぞれ特定された目的や用途があり、それに基づいた一定の規則により地図上の表現がなされています。そして、そうした違いの中にそれぞれの絵図や地図の持つ特性がより具体的に表現されているといえるでしょう。

いわばそれぞれの時代の社会状況に対応して、必要とされる要素を描くものが絵図や地図であり、歴史の進歩とともに、一直線に発達してきているという理解はやや一面的であるように思われます。むしろ精密さを追求してきた近現代の地図が切り捨ててきた絵画的な象徴性の中に、当時の人々の認識や観念がより豊かに表現されているのではないでしょうか。

ここでは幕末期の絵師である貞秀によって描かれた「富士両道一覧之図」を事例に考えてみることにしましょう。この絵の大きさは約一メートル四方で、手前に江戸の町が、奥の中央には他の山々よりも格段に抜きんでているように富士山が描かれています。その間には、江戸より富士山にいたる「両道」（二つの街道、具体的には東海道と甲州街道）の道中の風景が詳細に記されています。

この構図は、現在の東京都二十三区内に多数残っている「富士見」の付いた地名（たとえば「富士見坂」といったようなもの）がきわめて多いことや、当時富士講などの信仰対象として江戸市中の多数の人々が富士山に登っていたように、江戸に生活する人々にとって、富士山が身近なものとして、かつ特別なものとして認識されていたことを示しています。いわば江戸とそこからみえる富士山とのつながりを一体的かつ象徴的に表現していると理解することができます。

このように絵図や地図、あるいは浮世絵や地誌類の挿絵などに描かれた景観は、当時の実際の風景と、それをめぐる人々の意識を理解する上で貴重な資料であるということができます。

１９９７年３月７日

上大岡２　廻状と高札使い支配

【幕府や領主の意思はどのように村々へ伝えられたのでしょうか】

江戸時代において、幕府や領主・代官から村への意思の伝達や、それに対する村側からの対応は、原則として文書によって行われています。とはいえ、数か村や数十か村といった多数の村々を対象とする法令や指示の伝達の場合は､それぞれの村々へ指示の内容を示した文書を個別に出すのではなく、廻状とよばれる形式によって伝達していました。

廻状とは、現在の回覧板のような形式であり、必要な内容を示した文書を、そこに記された宛先の村名の順序で、順番に継ぎ送るものです。この場合、前の村からその村の名主宅に廻状が届けられると、名主は廻状の宛先の村名の下に捺印します。これは廻状をたしかに拝見したということを示すために行うものです。そして、廻状の内容や受け取った時刻などを書き写し、次の村の名主宅へと廻状を送ります。なお、こうした際に、名主が廻状の内容を書き留めている文書は、一般に御用留と呼ばれています。廻状形式では、原文書は名主の手元に残らないので、そのコピーを作成する訳です。御用留は、通常一か年を単位として作成され、場合によっては鷹場・助郷などといった内容ごとに別々の帳簿が作成されることもありました。

こうした文書による伝達の方法とは別に、幕府や領主が村人たちに対して、基本的な法令を伝達するものとして、高札が存在します。高札は、切支丹の禁止など支配者にとって最も基本的な内容を、木の札に書き付け、村内の高札場に恒常的に掲示するものです。高札場は、原則的に村内の中心や街道沿いといった人々が頻繁に往来する場所に設けられており、その意味では支配者の権威を視覚的に示す役割を持っていたようです。

明治元（一八六八）年三月に武蔵国久良岐郡上大岡村で掲示された「太政官」の高札には、「王政御一新」とあるように、それまでの徳川将軍家を中心とする政治体制が崩壊し、新たに「王政」（天皇を中心とする政治体制）が成立したことを明示しています。この高札が高札場に掲げられた時、村人たちは時代の変化をどのように感じとったのでしょうか。

1998年5月8日

上大岡3　宗門人別帳と村の人口

【江戸時代の村の戸数や人口はどのくらいだったのでしょうか。それはどのように把握されていたのでしょうか】

ここでは武蔵国久良岐郡上大岡村を事例に考えてみましょう。

文政六（一八二三）年の「地誌御調書上帳」には「百姓家数、前々六拾軒も有之候所、近年潰シ有之、当時五拾壱軒ニ相成申候」とあり、かつては六十軒ほどであったが、近年潰れる家が多く、文政六年段階で五十一軒に減ってしまったとあります。また、慶応二（一八六六）年の「村高家数人別書上帳」によれば、慶応二年における上大岡村の家数は五十軒、人数は二百七十三人となっています（うち、倉橋氏領は、三十四軒・百八十人。荒川氏領は十六軒・九十三人）。

このように十九世紀の前半から半ば過ぎにかけては、ほぼ五十軒前後であったことがわかります。上大岡村の村高は三百十八石余で、ほぼ標準的な村の規模ですので、大体五十〜六十軒、二百五十〜三百人程度が市域における当時の標準的な村の家数・人口の数値として考えてよいでしょう。

ところで、江戸時代には現在のような戸籍がありませんでした。これに代わるものとして、宗門帳あるいは宗門人別帳とよばれる文書がありました。よく知られているように江戸時代においてキリスト教は禁止されていました。そのため、キリスト教徒ではないことを証明するため、すべての農民はいずれかの寺の檀家に属することとされ、毎年そのことを確認するための調査が行われました。

それが宗門改とよばれるもので、その結果を記した帳簿が宗門帳（宗門人別帳）です。宗門帳は、当初はこのようにキリシタン対策のために作成されましたが、次第に村の戸籍台帳的な役割を果たすようになっていきます。この帳簿の原本は、領主や代官へ提出されましたが、村役人の手元には村人の出生や死亡に伴う記載を書き留めておくためにその控えが残されている場合が多かったようです。

明治二（一八六九）年に作成された上大岡村の「巳宗門人別書上改帳」には、それぞれの百姓の所持高と家族構成、各個人については当主との間柄・年令などが記されています。当主の名前の上には「古義真言宗真光寺檀那」という記載があり、それを証明するために真光寺の住職の印鑑がおされています。

１９９８年５月15日

上大岡４　検地帳と耕地の把握

【江戸時代に耕地の把握はどのように行われたのでしょうか】

江戸時代の村の規模は、米の生産額である石高によって表示されています。この場合、米を産出する水田はもとより、米を生産しない畑や屋敷地なども石高によって計算されています。こうしたシステムは、石高制と呼ばれ、江戸時代のさまざまな制度の基礎となっています。たとえば、将軍が大名・

旗本などへ与える領地や、大名・旗本たちが負担する軍役の基準の数値として、また領主・代官が村から徴収する年貢の単位として、さらには村落内部における農民の土地所持をあらわす単位として、石高が使用されているのです。

さて、こうした石高を決定するのが検地とよばれる作業です。検地は、村内の耕地一枚一枚の面積を測定し、その石高を決定するものでした。そして、それを合計すると村高が確定されることになります。こうした検地の結果をまとめた帳簿が、検地帳あるいは御縄打水帳とよばれるもので、土地関係の基本帳簿として領主や村々において大切に保管されました。

文禄三（一五九四）年七月六日の「武州久良岐郡大岡郷御縄打水帳」は、武蔵国久良岐郡上大岡村における最も古い検地帳です。この検地は、天正十八（一五九〇）年に徳川家康が江戸に入り、伊豆国・相模国・武蔵国・上野国・下総国・上総国の全域と下野国の一部を領有するようになって以後のものであり、徳川氏が新領国で施行した検地の一環にあたります。

通常、検地帳の表紙に当時の行政単位である国・郡・村の名称が記されています。この史料の場合、「武州（武蔵国）久良岐郡大岡郷」とあり、文禄三年時においては上大岡村と下大岡村が分村しておらず、「大岡郷」として一括されていたことが分かります。次にその記載内容をみると、それぞれの耕地の内容が一行に記されています。そこにはそれぞれの耕地が存在する字名、「上田」や「中畑」という耕地の地目と面積、耕作者名などが記載されています。この帳簿は末尾が欠けているので確認できませんが、通常は帳末において地目ごとに集計されています。これに「石盛」（地目ごとに設定されている生産力をあらわす数値）を乗じて石高を決定します。

1998年5月22日

上大岡5　年貢の割付と皆済

【年貢の徴収をめぐる仕組みはどのようなものだったのでしょうか】

江戸時代において、年貢の徴収は、村（一つの村が複数の領主によって支配されている場合はその領分ごと）を単位として行われています。一般にこうした村を単位とした支配のあり方を村請制とよんでいます。したがって、年貢をめぐる文書のやりとりは、領主・代官と村（より具体的には村の代表者である名主）との間で行われます。

年貢を賦課する方法としては、検見制と定免制がよく知られています。検見制は毎年の収穫量を調査して年貢額を決定する方法で、検見が終了するまでは刈り取りができないことや、検見役人の接待に費用がかかるなどの問題点がありました。これに対して、定免制は五年間などといった一定の期間について、年貢額を固定化（＝定免）するものです。この場合、検見を考慮に入れる必要がないのですが、それまでの定免の期限が終わり、新しい期間に入る際に年貢額が若干引き上げられる傾向がありました。一般的には十八世紀半ば以降は定免制が主流となるようです。

さて、領主や代官からその年の年貢額を村側へ通知した書類を、一般に年貢割付状といいます。年貢割付状の形式は、領主・代官によって若干の相違はありますが、毎年十月から十一月頃に出されます。これをうけて、村では名主をはじめとする村役人が、村内の各百姓の耕地の所持高に応じて、納入すべき年貢額を割り付けます。各百姓から集められた年貢米は、村としてまとめられ、何度かに分けて領主のもとへと納入されます。納入と引き替えに、そのつど年貢小手形とよばれる仮の領収書が村側へ交付されます。年貢が完納されると、数枚の年貢小手形と引き替えに年貢皆済目録が村へ交付され、年貢の納入をめぐる手続きが完了します。

天保八（一八三七）年に出された武蔵国久良岐郡上大岡村の「西田畑御物成皆済手形之事」には、同年に上大岡村の倉橋氏領から納入された年貢の内訳が記されています。それによれば、米百五十一俵（一俵四斗入）一升と、金十七両一分が納入されています。この他、「小物成」（雑税）として、「夫金」三両と「荏代」二分が納められています。

1998年5月29日

上大岡6　寺と神社・村人たちの心の核に

【江戸時代の村における寺社の役割はどのようなものだったのでしょうか】

江戸時代の村々には、必ずといってよい程、神社と寺院が存在しています。これらの寺社は、村人たちの精神的な拠り所であり、また結びつきの核としての役割を果たしていました。新田開発や分村などにより新たに村ができる際には、多くの場合、鎮守としての神社と菩提寺としての寺院を建立しています。「お三のみや」として有名な吉田新田の日枝神社（南区）の勧請もそうした事例の一つでしょう。

さて、江戸時代の武蔵国久良岐郡上大岡村には、鎮守である鹿島大明神と、真光寺と安楽院が存在していました。この内、真光寺と安楽院は、共に古義真言宗の寺で、同郡石川村の宝生寺の末寺となっています。真光寺は山号が大岡山というように（院号は蓮上院）、上大岡村の多くの村人の檀那寺となっています。一方、安楽院は山号も寺号もない小規模な寺で、檀家もあまりなかったようです。ちなみに慶応四（一八六八）年の「人別書上帳」によれば、上大岡村の倉橋氏領分の百姓三十四軒の内、三十三軒が真光寺の檀那、一軒が隣の下大岡村の万福寺の檀那となっており、安楽院の檀家はみられません。

元禄十三（一七〇〇）年二月に上大岡村の名主安兵衛と年寄五兵衛・年寄長右衛門の三名が連印している「相定申証文之事」という表題の文書には、これまで「鹿島大明神」の「まつり」を「当番」の二十五人によって祭ってきたが、近年上大岡村は（それまでの幕府領から）旗本倉橋氏領と荒川氏領という二つに分かれてしまった。この際、神社を維持するための「免田」（鹿島大明神を維持するため、同社の所持地となっており、村内の百姓が耕作していたものと思われる）も二つに分かれてしまった。そこで今後は村の百姓が（それまで「まつり」に加わっていなかったものまで含めて）残らず一年交代で二人ずつ「免田」を耕作し、維持することにするというものです。詳細な内容は他に史料がないので判明しませんが、村を支配する領主が二人となるという事態に対応しつつ、鎮守としての鹿島大明神を維持管理しようとする村人たちの意識をうかがうことができます。

1998年6月5日

上大岡7　若者たちの結びつき

【江戸時代における若者たちに関する史料はないのでしょうか】

江戸時代の村において「百姓」であったのは、正確にはそれぞれの家の当主だけでした。通常、文書に署名・捺印するのはこうした当主のみであり、若者や女性といったそれ以外の人たちの動向については文書から知りうることはあまり多くはありません。名主家に残された文書の多くは、「御用」（幕府・領主との関係）と「村用」（村政や村入用といった村の運営に関する事柄）といった、いわば公用に関する事柄が中心であり、村内部の生活や人々の意識などに関するものは断片的な形で散見するのみです。

とはいえ、村の内部のさまざまな動きをそこからうかがうことがまったく無理というわけではありません。ここでは武蔵国久良岐郡上大岡村の若者たちについて少しみていくことにしましょう。

寛政十三（一八〇一）年正月に上大岡村の安兵衛をはじめとする八名の人物が「講頭・世話人衆中」

LABI

へ差し出した「儀定証文之事」には、講中に入った上は、講中の法度を守り、「勧化先」においても「講頭」の指示に従う旨を誓約しています。通常の文書であれば、差出人の署名の下には、印鑑が捺されるのですが、この文書には署名の下に爪印（印鑑の代わりに、指の爪に墨をつけておすこと）がおされています。

これは、安兵衛以下の差出人が、家の当主＝「百姓」ではないため印鑑を使用することができないことを意味しており、彼らが「若者」たちであったことを示しています。つまりこの講中は「若者」たちによって構成されているのです。また「勧化」という文言がみえることから何らかの信仰に関連したものであることがうかがえます。

これに関連して作成されたと思われる寛政十三年正月の「誓願文之事」（写）によれば、「両親大切ニ可相守事」「菩薩大切ニ可致事」「御山之事申間敷事」「博奕賭之諸勝負堅可慎事」「大酒致間敷事」「女人愛着之心ニ可離事」「勧化先ニ而悪口雑言申間敷事」「御山信心之上ハ可歩行運事」という八か条を、安兵衛以下八名が誓っています。宛先の部分が破損しているため、「武州橘樹郡保土ケ谷宿」しか読めませんが、村をこえた若者たちの結びつきがあったことがうかがわれます。

1998年6月12日

上大岡8　村役人を中心に運営

【江戸時代の村はどのような人々によって運営されていたのでしょうか】

江戸時代における村は、村役人と呼ばれる人々を中心に運営されています。村役人は一般には、名主・組頭・百姓代が村方三役とされていますが、実際には地域や領主によってさまざまな名称があります。村長にあたる役職は、東日本では名主と呼ばれるケースが多いようですが、西日本では庄屋と呼ばれる事例が多くみられます。また、村長の補佐役にあたる役職である組頭も、地域や時代によっては年寄と呼ばれる場合があります。また、その成立した時期についても、ほぼ江戸時代の初めから存在する名主・組頭と、おおよそ十七世紀末から十八世紀の前半に登場してくる百姓代との間には、時間的な差異があります。

ところで、こうした村役人、特に村を代表する立場にある名主には、一般に「読み書き算盤」と呼ばれる教養と能力が必須のものとされました。江戸時代の行政システムは文書主義であり、さまざまな意志の伝達は、文書によって行われました。当時の公用文は「候文」とよばれる文語体であり、それを書き表す書体も「御家流」とよばれる独特のくずし字です。いずれも現在の人々にとってはいわば外国語に近いものかも知れません。村役人たちに要請されるのはこうした文書の読み書きなのです。

また、同時に計算能力も必要でした。領主・代官からの年貢の納入や人足の供出などに関する指示は村単位に出されますが、それを村内において公平に割り付けるのは村役人の仕事です。さらに村役人の出張の費用や村へ出向いた役人の接待、果ては寄合時の蝋燭代にいたるまで村の運営に必要な経費は「村入用」とよばれ、村人たちが負担しました。その際にはさまざまな計算が必要となり、そのための計算能力が不可欠でした。

こうした能力を持つ名主の中には、幕末期になると領主である旗本家政の切り盛りに力を注ぐ人物もあらわれてきます。領主である倉橋氏が、上大岡村の北見安兵衛を「御給人格」「御知行所惣躰之御代官」に任命した文書が残っています。年号は寅年とあるのみではっきりしませんが、幕末期のものと思われます。この文書によると、倉橋氏は北見安兵衛を家臣並の「御給人」の格式に位置づけ、知行所全体の代官に任命しています。

１９９８年６月19日

絵図２　鶴見橋　物流支えた重要拠点

【江戸時代の橋はどのようなものだったでしょうか】

鶴見橋は、東海道が鶴見川をわたる際に通る橋であり、鶴見村と市場村（ともに鶴見区）の境にあたる場所にありました。武蔵国荏原郡と橘樹郡の郡境（現在の東京都と神奈川県の境）になる多摩川には、当初は六郷大橋が架かっていましたが、度重なる洪水によって何度も流され、十八世紀はじめには船による渡し場となったことから、周辺地域では東海道にかかる橋の代表的な存在になっていました。

そのため、天保五（一八三四）年～同七（一八三六）年にかけて刊行された、江戸及びその周辺を対象とした地誌である『江戸名所図会』にも挿絵として描かれています。同書によれば、橋の長さは二十七間（約四十八メートル）でした。

鶴見橋の両側の土台は石垣で固められています。橋をはさんで向かって右側が市場村、左側が鶴見村となります。市場村側には河岸（船着き場）がみられ、荷物を揚げ降ろししている情景がうかがえます。川を下る小舟の存在と共に、物資流通のルートとしての鶴見川のありようが示されています。また、橋の両側には、細長い木の杭が設置されています。これは、村境に置かれるもので、村名とその村をおさめる代官や領主の名前を記したものです。

また、この挿絵には「橋より此方に米饅頭を売家多く、此地の名産とす。鶴屋なといへるもの尤旧く、慶長の頃より相続するといへり」という文章が付記されています。それによれば、鶴見橋の周辺では、東海道を往来する旅人を目当てに、名産として米饅頭《よねまんじゅう》を販売する店が多数あり、中でも鶴屋がもっとも古く、慶長年間（一五九六～一六一五年）から続いているとされています。慶長年間という成立の時期はともかく、名産品としての米饅頭が有名であったことがうかがわれます。

ところで、初代広重の「五十三次名所図会　三　川崎」のように、東海道五十三次をあつかった浮世絵類においては、鶴見橋の風景は、川崎宿の情景として描かれる場合がみられます。これは、川

崎世界と称することができるような川崎宿を中心とする一定の地域（具体的には東の多摩川、西の鶴見川を境界とする）において、鶴見橋が、川崎大師や多摩川の渡船場である六郷の渡しなどとともに、重要な要素の一つであったことを示しているものと考えられます。

1997年3月14日

絵図3　野毛　盛んだった海苔作り

【現在の繁華街は、昔はどのような所だったのでしょうか】

現在の横浜市域の中心は、関内駅から横浜駅にかけての地域であり、それが安政六（一八五九）年の横浜開港に端を発していることはよく知られています。それでは、それ以前の景観はどのようなものであったのでしょうか。ここでは、『江戸名所図会』に所収されている「芒村姥島」という挿絵から考えてみることにします。

この絵の題名にみえる「芒村」とは、「のけむら」と振り仮名が振ってあるように、野毛村（中区）のことです。したがって、この絵は野毛の海岸部を海側からみたものということがわかります。おそらく当時海中であった現在のJR桜木町駅辺りより丘側をのぞんでいる構図となります。

絵の左側にみえる海中より出ている岩は、「姥島《うはしま》」と呼ばれているもので、「海中姥島など称する奇巌ありて、眺望はなはた秀美なり」と記されている岩です。この岩は、幕末期の横浜周辺を描いた絵図にも「姥岩」あるいは「姥石」という名称でみられることから、周辺の人々にとって、ランドマークの役割をもった有名な岩であったと思われます。

画面の右手の海に面している場所は、断崖となっています。現在の野毛山のあたりでしょうか。当時の野毛周辺の海岸は、海に面して断崖が続いており、幕末期の絵図などにもそのありさまが描かれています。

そこから左側へはわずかな砂浜が続いており、その沖には、海苔の養殖のための「ひび」（海苔を付着させるため、木の枝や竹を海中に差し込んだもの）がみえます。挿絵中にある「此地よりも海苔を産すといへとも、品川に増らすと云」という文章とあわせて、『江戸名所図会』が作成された一八三〇年代には、野毛周辺において海苔が生産されており、江戸へまで知られていたことがうかがえます。ただし、その生産量は「品川に増らす」とあるように、品川（品川区）や大森（大田区）の沖合いで生産されるいわゆる浅草海苔よりまさるものではないとされています。

また、海上には、数人の人物を乗せた小舟が描かれています。あるいは距離的に遠くなる東海道を避けて、神奈川宿より横浜・本牧方面へ行く旅人とも思われます。

１９９７年３月28日

大門
鮮度命

野毛
たべもの
横丁
野毛小路
ファミリー
カラオケ
野毛小
DAM
本店

江戸時代の人口

現在、一億二千万人を超えている日本の人口も、ようやくピークを越え、これからは次第に減少していくことが指摘されています。それでは江戸時代の日本の人口はどの位だったのでしょうか?。享保改革の一環として、八代将軍徳川吉宗が享保六（一七二一）年に実施した全国の人口調査によれば、支配階層である武士を除いた農民・町人等の人口が約二六七〇万人でした。これに調査の対象外である武士とその家族の数をおおむね人口の一割と想定して加えると、合計三一二八万人となりますので、約三〇〇〇万～三一〇〇万人という数値が三百年位前の日本の総人口ということになります。

これ以前についてでは、全国規模の調査が実施されていないので詳しいことは分かりませんが、現在の研究では江戸時代の初めである一六〇〇年位の人口を約一二〇〇万人と推定しています。つまり十七世紀の百年間で、日本の人口が二倍半ほど増加したと考えているわけです。明治～昭和間における人口急増に匹敵するような増え方といえます。

ところで、幕府による人口調査は、第二回の享保十一（一七二六、午年）年以降、十二支の子年と午年ごとに実施されていますが、大きな変化はみられず、明治政府が最初に実施した明治五（一八七二）年の調査にみられる三三一一万人へと繋がっていくことになります。２００９年10月　１８１号

江戸時代の村役人

全国に約六万存在する江戸時代の農村では、村役人を中心を農民達の自律的な運営が行われていました。村役人の役職名と人数は、地域性や村の規模によってさまざまですが、通常、村長にあたる「名主」「庄屋」、その補佐役である「組頭」「年寄」を、本家筋にあたる有力百姓が勤めていました。これ以外に一般の百姓の代表である「百姓代」がおり、おおむねこの三つの役職を「村方三役」と総称しています。

こうした村役人、特に村を代表する立場にある名主・庄屋には、「読み書き算盤」と呼ばれる教養と能力が必須のものとされています。江戸時代の行政システムは文書主義であり、さまざまな意志の伝達は、文書によって行われていました。また、当時の公用文は「候文」とよばれる独特の文語体であり、それを書き表す書体も「御家流」とよばれる特異なくずし字でした。村役人たちに要請されるのはこうした文書の読み書きなのです。また、同時に計算能力も必要でした。領主・代官からの年貢の納入や人足の供出などに関する指示は村単位に出されますが、それを村内において公平に割り付けるのは村役人の仕事です。さらに村役人の出張の費用や村へ出向いた役人の接待、寄合時の蝋燭代にいたるまで村の運営に必要な経費は「村入用」とよばれ、村人たちが負担しました。その際にはさまざまな計算が必要となり、そのための能力が不可欠だったのです。

２００９年2月　１７３号

土地の測量と面積の単位

江戸時代における面積の広さを表す最小の単位は歩《ぶ》で、一間×一間が一歩です（なお、一間《けん》は、約一・八メートルに相当する長さです）。現在でもよく使われる言い方でいえば、一歩＝一坪（＝約三・三平方メートル）となり、その上では三十歩＝一畝《せ》、十畝＝一反《たん》、十反＝一町《ちょう》と繰り上がり、一万二千三百四十五町六反七畝二十九歩といった表記の方法が用いられました。

原則として、日本全国における全ての田・畑・屋敷は、こうした町反畝歩という単位によって把握されており、水田だけでなく、畑や屋敷地も一反あたりの米の生産性を示す石盛《こくもり》という数値を乗じることによって、その石高が確定されていました（畑や屋敷地の場合は、仮に米の生産力に換算するということになります）。こうした面積や石高が、現在の税金に当たる年貢の賦課基準となっている訳で、各耕地の面積を登録した基本台帳（一般には検地帳と呼称されています）は、村内で大切に保管されていました。

なお、土地の区画が正方形や長方形であれば、縦×横という単純な計測方法になりますが、それ以外の形状の場合はこれを縦×横に換算することになり、担当者による裁量の余地が生じます。また、面積の広狭がそのまま年貢額の多少に直結するので、田畑を区画するあぜ道の幅を実際よりも広くとるなど、本当の面積よりも狭く登録されることが多かったようです。

２０１０年１月　１８４号

米の量り方

現在でも、居酒屋で日本酒を注文する時に「この店の徳利は一合なの？二合なの？」というように、かつて水や酒・米などの量を量る（容積の）呼び方には、石・斗・升・合・勺（夕）・才という単位が使われていました（十才＝一勺、十勺＝一合、十合＝一升、十升＝一斗、十斗＝一石。よく知られているように一升が一・八リットルに相当する）。

ところで、水や酒のように液体の場合は、一合枡の酒を十杯飲めば、一升になるので、特に問題はないのですが、米などの穀物を量る時には若干事情が違いました。形が固体であるため隙間が生じ、米を一合の枡で十杯量ってもぴったり一升にはならず、逆にかならずといってよいほど少しばかり不足するのです。そのため、年貢や小作米の納入など、俵へ米を詰めて納める際などには、基準となる枡やその量り方について、詳細な取り決めが行われました。

ある村では、米俵一俵を四斗とした場合、大きな枡で一斗二升六合六勺を量ることになっていましたが、さらに余分に三合の米を入れて、これを三杯で三斗八升と換算していました。計算上は三斗八升八合八勺になるのですが、八合八勺の分が目減りしてしまうということなのでしょう。そして、この三斗八升に、別に二升を加えて一俵＝四斗となるのです。また、実際に量るときには、枡の容量よりも少し多めに米を入れて、掻き棒とよばれる棒で、その多い分を刎《は》ねたりすることもあったようです。

２０１０年２月　１８５号

家の「屋号」

かつて集落の中に同じ名字が多い農村地帯では、クリーニング屋さんや酒屋さんが洗濯物や商品を届ける際に、名字では特定の家を識別することができないので、「○右衛門」「○左衛門」というその家を表す「屋号」のメモ紙を付けて配達したといいます。あるいは電電公社（今はＮＴＴですが）の電話へ出る時は「はい、○○です」というように名字を名乗りますが、農協で敷設した有線電話の場合は「屋号」で出たこともあったようです。

こうした「屋号」は、耕地の開発が限界に達して、おおむね村内における家数が固定した十八世紀初めから次第に一般化していったものと考えられます。この頃から名主・組頭といった有力な家だけでなく、一般の農家でも「○右衛門」「○左衛門」というそれぞれの家の当主の名前が代々世襲化されていくようになります。当主であった父親が隠居すると、父親は「隠居名」と呼ばれる別の名前を付け、代わって跡を継いだ子供がその家代々の名前を名乗ります。当時の村では、一つの村の中では同じ名前を付けないのが原則でしたので、○○村の「○右衛門」「○左衛門」という名乗りで、どの家かが判別できるという訳です。

２００９年７月　１７８号

江戸時代における農家一軒の耕作面積は？

江戸時代の農家は、夫婦と子供たちというのが一般的な家族構成でした。したがって、一軒あたりの家族数は四人ないし五人ということになります。もっとも実際に一人前の農業労働を行うことができる年齢は、おおむね十五才から六十才頃まで考えられていましたので、子供たちの年齢にもより多少の違いはあるでしょうが、ほぼ成人に達している夫婦二人プラスアルファということになります。

それでは、農家一軒あたりどのくらいの面積の田や畑を耕作したのでしょうか。実際の農業労働は、平野や山間部といった、それぞれの村が存在する自然環境によって大きく異なるので、一概には確定できませんが、平野・丘陵部が展開する横浜市域についてみると、文政十二（一八二九）年に保土ケ谷宿が提出した文書に「耕作方村々百姓壱人ニ而壱町歩仕付候」という文言が見られます。ここでいう「百姓壱人」とは農家一軒という意味、また「仕付《しつけ》」は「耕作する（できる）」との内容になるので、おおむね一町という田畑の面積が基準になるようです。一町＝十反＝百畝＝三千坪という換算ですので、現在の面積では約一万平方メートルということになります。

この耕作面積が、年貢を納入した後に残った農作物の販売によって得る収入金額と、集約的な農業労働の作業時間とを天秤にかけたときに、最も効率的かつバランスのとれた広さということになるのでしょう。

２０１１年11月　２０６号

田畑へ息を吹き込むということ

田や畑から農作物が収穫できるのは、その土地を耕作している人が毎年、さまざまな道具を使って、耕地の起こし返しをしたり、肥料の投下や土壌の維持・改良といった、さまざまな手間暇をかけているからですが、かつてはそうした事柄を、大地にその人の息を吹き込むものとして考えられていました。

人々が息を吹き込む行為は、楽器に自らの生命《いのち》を吹き込むことと同じことであり、いわば豊作・豊饒を祈願する自分の魂《タマ》を対象物に吹き込むことになります。田や畑といった耕地にはその人の魂《タマ》が込められているために、そうしたことが行われていない野原などとは異なり、作物が実るのだという考え方です。

人と土地の関係は、(一)日常的な起居・生活の場所である屋敷地、(二)農業を行う田畑などの耕地、(三)必要に応じて狩猟・漁猟や採集を行う山野河海・入会地の三つに分かれ、そこを利用している人の魂《タマ》がどれだけ強くその土地に付着しているのかにより、(一)→(二)→(三)の順で次第に弱くなっていくのです。

２００９年5月　１７６号

年を祭り替えること

幕末から明治初期の中山道馬籠宿を舞台とする小説『夜明け前』は、近代の文豪・島崎藤村の代表作として知られていますが、執筆にあたり、藤村は同宿に伝わる古文書を丹念に調べており、そこに描かれている宿場や村落に関する叙述は、当時の雰囲気・風俗をよく伝えているといわれています。

『夜明け前』によれば、横浜開港の直前にあたる安政二（一八五五）年の二月頃、馬籠宿周辺ではこの年の三月には不吉なことが起きるという噂がたちます。宿場の役人たちが相談した結果、三月の節句の日を期して「年を祭り替える」こととなりました。

「年を祭り替える」とは、小説の文中に「時ならぬ年越しの仕度で、暮のような餅搗きの音が聞こえて来る。松を立てた家もちらほら見える」とあるように、もう一度正月を迎え直すこと、いいかえれば、一年を初めからやり直し、時間をリセットするということになります。時間の一つの節目に当たる三月三日の節句の日を、新年の元日に見立てることにより、それまでのあまり良くない時間の流れを断ち切り、新しく縁起の良い年を迎えようとするものなのでしょう。こうした事柄は、全国各地の村々で行われていたようです。

２０１０年４月　１８７号

絵地図の向き

博物館で江戸時代の村の絵図や地図を展示した時、なぜこの絵図や地図は北が上になっていないのですか、という質問をよく受けます。北が上になるように地図が作成されている現在と比較すると、少々違和感を受けるのでしょう。たしかに多くの村絵図を並べてみると、その向きはさまざまであり、特定の方角が上になるようには作られていません。また、その描き方も、現代の感覚からみれば、デフォルメが多く必ずしも正確とは言い難いようです。

しかし、そこには一つの原則があるようです。それは、実際の土地の高低に対応して、低い方を下に、高い方を上に、それぞれ配置するという構図の取り方で、たとえば海に面した村々では海が下部に位置する、村の中に川が流れていれば上流が上に下流が下に、といった感じになります。そして、絵図の上部には小高い丘や山が描かれることになります。

いわば現在の地図が空中から垂直方向に地上をみるようなイメージで作成されているのに対し、江戸時代の村絵図は村の中から水平方向に眺める生活者の感覚にもとづいて作られているということになります。絵図におけるさまざまな誇張も、その方がイメージを取りやすいということなのでしょう。

２００８年７月　１６６号

「江《ごう》」と横浜の関係？

平成二十三（二〇一一）年のNHK大河ドラマの主役「江《ごう》」は、織田信長の妹「お市の方」と浅井長政の間に生まれた三人姉妹の末娘になります。一五七三年の生まれなので、本能寺の変が起きた天正十（一五八二）年にはまだ数えで十歳であったにもかかわらず、ドラマで演じている女優さんはどうみても大人にしかみえないなど、専門家からみると、ちょっと困った演出も少々見受けられます。史実そのものではなく、それを下敷きにしたフィクションというのが正直なところでしょうか。

ところで、この「江」が横浜市域と関係があることをご存知でしょうか。「江」は三度の結婚をしますが、最後の相手は徳川家康の子供で、後に二代将軍となる徳川秀忠です。当時、身分の高い女性には「化粧料」と呼ばれるような領地が与えられることがありました。

「江」の化粧料は、武蔵国都筑郡を中心に三千石であったとされ、その中には現在の横浜市都筑区域に属する東方村・茅ケ崎村・川和村、同じく青葉区域に属する荏田村・石川村などが含まれています。寛永三（一六二六）年に「江」が死去した際には、これらの村々の人々は、哀悼の意をあらわすため、まげを切って、葬列に加わったと伝えられています。なお、この「江」の化粧料は、彼女の死後、秀忠と「江」（法名を崇源院と称します）夫妻の墓所が存在する増上寺領の領地になります。

２０１１年６月　２０１号

埋め立てと干拓―海岸部の新田開発

都市・横浜の地理的特徴の一つとして、地先の海を埋め立てて平地を拡大していることがあげられます。こうした海岸部の埋め立ては、大規模なものは近代に入ってから行われていますが、その先駆は江戸時代における新田開発に求めることができます。具体的には、鶴見川河口部北岸の潮田村（鶴見区）、帷子川河口部の藤江新田・岡野新田・尾張屋新田・平沼新田（いずれも西区）、大岡川河口部の吉田新田（中区・南区）と横浜新田・太田屋新田（共に中区）、平潟湾の泥亀新田・入江新田（金沢区）などになります。

とはいえ、江戸時代の新田開発は、主に稲作を行う水田を作るために行われたもので、宅地や工場などの敷地造成という近代・現代の埋め立てとは目的を異にしています。そのため、堤で囲い込んだ海を干上がらせる、いわゆる「干拓」で行われました。

かつて海であった場所で安定的な稲作を行うためには、新田内部の水田へ淡水を外部から導入しなければなりません。大きな河川があればその河口部に取水口を作ったり、それ以外の場合は従来からの陸地から水を引く必要があります。この場合、（埋め立てて）水田を高くしてしまうと、外部からの水が流れ込まなくなってしまうという訳です。

2010年9月　192号

横浜にも住んでいた猪と鹿

今から二百五十年ほど前にあたる、宝暦十四＝明和元（一七六四）年、現在の保土ケ谷区に属する帷子町では、同町に存在していた「御林」の跡地について、耕地として開発することを願い出ています。「御林」とは、幕府が管理している林のことで、橋の修復の部材に使用するなど、東海道や主要な街道の周辺各地に存在していたものです。この帷子町の「御林」は、残された絵図でみると、現在の横浜国立大学の敷地の辺りにあたるようで、丘陵と谷戸が入り組んでいる地形の場所にありました。

この「御林」には、前年の宝暦十三（一七六三）年まで木が茂っていたのですが、同年に「朝鮮人御賄薪」（徳川将軍の代替りを祝賀するために来訪した朝鮮通信使の行列に対して、各宿場で食事等を提供する際に使用する薪であろうか）として伐採されてしまいました。帷子町の人々は、この機を狙って、「御林」跡地を耕地として開発することを願い出た訳です。

その大きな理由は、苗木を植え付けて、再び林に戻ってしまうと、そこに猪や鹿が居付くようになり、周辺の田畑を荒らすようになってしまうというものでした。丘陵部が多い横浜市域の内陸部には、こうした猪や鹿が結構生育していたようです。

２０１１年４月　１９９号

富士山の噴火と帷子川への影響

異常気象や大規模な自然災害により、生活環境に大きな変化を生じることは昔も今も変わりありません。ここでは、宝永四（一七〇七）年の富士山噴火による降灰が、帷子川河口部にもたらした影響をみていきましょう。

帷子川下流の帷子町・神戸町・岩間町・下星川村・和田村・仏向村（以上、保土ケ谷区）・芝生村（西区）の村々が、享保六（一七二一）年に出した訴えによれば、（富士山の降灰が川へ流れ込んだため）川筋が埋まってしまい、少しの雨でも満水になり、田畑の作物や家々が押し流されることも度々起きていると述べています。

もともと帷子川の河口には、帷子河岸とよばれた河岸（荷物の荷揚げ場）があり、先の訴えが出された後の享保十四（一七二九）年、同十五（一七三〇）年の調査でも、帷子町・神戸町・岩間町の船主たちにより、現在の保土ケ谷区・戸塚区・瀬谷区・栄区・泉区・旭区・藤沢市等の旗本領の村々からの年貢米合計二千七百俵余りが江戸へと船積みされるほどの賑わいをみせていた場所でした。ところが、河底が浅くなったため、次第に河岸としての適性が悪くなり、西隣の芝生村へと船積地が移動していったようです。

一方、帷子川の河口から排出された降灰はその沖合に溜まってゆきます。その結果、海面は浅くなり、新田開発の適地となり、岡野新田・平沼新田といった新田が開発されていくことになります。

2011年10月　205号

宝永の富士山噴火と保土ケ谷宿助郷村々

宝永四（一七〇七）年の富士山の噴火とそれに伴う降灰の被害状況について、村々ではどうだったのでしょうか。ここでは、保土ケ谷宿の定助郷《じょうすけごう》（日常的に保土ケ谷宿へ助郷の人足と馬を出している村々のこと）を素材にみていきます。

当時、保土ケ谷宿の定助郷は、現在の保土ケ谷区・南区・西区・戸塚区に存在する十四か村から構成されていました。同年十二月にこの村々が連名で提出した書類によれば、相模国梅沢（二宮町）から保土ケ谷宿にかけて、「横幅三・四里程」の範囲で「大分《だいぶ》」降ったとしています。そして、助郷役の負担と農業を行うのに不可欠である馬の数は、十四か村合計で四百三十疋余り（人口は四千人ほど）であったが、当面必要な金銭を得るため、比較的丈夫な馬二百疋程を売却して相応の対価を取得したものの、残った馬については「老馬」であり、（降灰の被害が及んでいない）「遠方」まで連れていってもおそらく買い手がつかないだろうと述べています。

そして、ここのままの状況では保土ケ谷宿の助郷を継続するのは困難であるとして、①復興資金としての幕府からの「拝借金」の貸与か、②「壱両年」における保土ケ谷宿の定助郷役の免除、のいずれかを認めてくれるように願い出ています。

２０１１年12月　２０７号

第2章　東海道と宿場

東海道と神奈川宿1

神奈川宿の成立

慶長六（一六〇一）年正月、東海道の各宿に対して、徳川家康の伝馬朱印状と、伊奈忠次・彦坂元正・大久保長安という代官頭の連署による定書が交付されました。伝馬朱印状の内容は、「此の御朱印なくして伝馬出すべからざる者也」とあるように、この伝馬朱印状に捺印された朱印の手形を携帯していない人物に各宿が公用の伝馬を出すことを禁じたものです。また、定書は、公用時に各宿が負担する馬数と継ぎ送る範囲（具体的には隣宿）、及びこうした負担に対する反対給付として年貢が免除された屋敷の坪数と駄賃額などを定めたものです。

この二つの文書によって、東海道とその宿場に関する伝馬制が整備されました。そのため、一般には、この文書の交付をもって、近世東海道の成立と理解されています。

市域の三つの宿場の内、同年の朱印状と定書は神奈川宿と保土ケ谷宿に交付されました（戸塚宿は慶長九年〈一六〇四年〉に成立したため、慶長六年〈一六〇一年〉の朱印状と定書は交付されていません）。しかし、残念なことに神奈川宿に交付された朱印状と定書の現物は、両者とも残っていません。ただし、前者の伝馬朱印状については、その写しが残されています。それは、幕府が編さんした徳川家康の一代記である『朝野旧聞裒藁』に「同国（武蔵国）神奈川百姓甚左衛門所蔵古文書」として所収されています。

この甚左衛門家は、『新編武蔵風土記稿』によれば、内海姓を名乗り、もとは名主役などをつとめたこともある家とされています。また、中世後期には神奈川の地に住み、先祖の新四郎は鍛冶を生業として、小田原北条氏の朱印状を所蔵していました。また、十七世紀後半から十八世紀はじめにかけては、神奈川町を中心とした村々の地域単位である神奈川領の用元（いわゆる大庄屋に該当します）をつとめています。おそらく十七世紀においては、神奈川宿の最有力者であったことが想像されます。『朝野旧聞裒藁』に所収されている他宿宛の伝馬朱印状や定書の所蔵者は、いずれも本陣や問屋という肩書を持っていることからみても、慶長六年時においては、この甚左衛門が神奈川宿の問屋であったと思われます。

こうして、近世東海道は成立し、神奈川宿は東海道有数の宿場として、また周辺地域の政治・経済・文化の中心となったのです。

１９９６年３月８日

江戸１　本陣　宿場の有力者が設置

【主な街道の宿場におかれた本陣とはどのような施設だったのでしょうか】

本陣は、江戸と国元を一年交代で往復する諸大名の参勤交代時や、幕府の役人が江戸と各地を往来する際の休泊施設であり、五街道をはじめとする全国の主要な街道の宿場に設置されていました。

また、複数の大名の行列が重なるなど本陣がふさがってしまった場合には脇本陣が利用されました。もっとも、行列を構成する家臣団の全てを泊める広さはどの本陣にもなく、多くの家臣たちは宿場内の旅籠に分宿したようです。

こうした本陣と脇本陣は、横浜市域に存在する三つの宿場である神奈川宿・保土ケ谷宿・戸塚宿にも設置されていました。十九世紀中頃に幕府の道中奉行所が調査した「東海道宿村大概帳」によれば、神奈川宿には本陣が二軒（神奈川町の石井家と青木町の鈴木家）で、脇本陣はありません。保土ケ谷宿には本陣が一軒（軽部家）と脇本陣が三軒。戸塚宿には本陣が二軒（内田家と沢辺家）、脇本陣が三軒となっています。いずれも宿場内の有力者であったことが想像されます。

十九世紀前半における神奈川宿の情景を記述した『神奈川駅中図会』にみられる「西之町御本陣・瀧之橋図」という挿絵は、海側より東海道越しに瀧の橋から神奈川町の石井家（石井本陣）の辺りを眺めた構図となっています。なお、「西之町」は、神奈川町の内部に存在する町の一つで、東海道に沿ってもっとも青木町寄りに位置しています。

さて、この図の左端にある橋は、神奈川町と青木町の境である瀧の橋です。その右には高札場があります。さらに二軒先に、街道から若干後ろへ下がっている屋敷があり、それが石井本陣となります。東海道に面して、本陣の格式を示すと思われる黒塗りの立派な門と、荷物の上げ下ろしに利用される広い間口を持つ板の間が続いています。門の奥には玄関があり、宿泊する大名は駕籠《かご》に乗ったまま、門をくぐり、この玄関ではじめて駕籠から降りたといわれています。

なお、この絵にみられる大名行列は、瀧の橋を過ぎ、石井本陣の前を通り過ぎようとしています。行列の中心である大名の駕籠は、多くの供回りに囲まれ、高札場の前辺りに至っています。それにもかかわらず本陣の門が閉じられているのは、石井本陣には宿泊しないことを意味しているのでしょう。

１９９７年11月14日

江戸２　宿役人　問屋場へ詰め差配も

【宿場にはどのような宿役人がおかれていたのでしょうか】

江戸時代、一般の村々には、名主（庄屋）・組頭（年寄）・百姓代という通常村方三役とよばれる村役人が設けられ、領主・代官との折衝や村政の運営を行っていました。同じようにそれぞれの宿場にも、宿場を円滑に運営するために宿役人が存在しています。かれら宿役人は、宿場内に設置された問屋場へ詰め、江戸から各地へ送られる幕府の書状の継立や、参勤交代の大名行列時などに周辺の助郷村々から動員された人足・馬の差配を行いました。

十九世紀中頃に幕府の道中奉行所が調査した「東海道宿村大概帳」によれば、神奈川宿には問屋二人、年寄五人、問屋代四人、帳附六人、人足指六人という合計二十三人の宿役人がいました。問屋役の人物は、神奈川町の九番町にあった問屋場へ一人ずつ五日間交代で勤務しており、他の宿役人た

ち も交代で詰めていましたが、重要な行列が通る際には全員が問屋場へ詰めているきまりとなっています。

また、保土ケ谷宿には問屋一人をはじめ合計二十九人、戸塚宿には問屋三人をはじめ合計三十四人の宿役人がいました。なお、保土ケ谷宿の問屋場は神戸町の一か所ですが、戸塚宿には三か所の問屋場があり、毎月一日〜四日は矢部町問屋場、五日〜十一日は吉田町問屋場、十二日〜晦日は（戸塚町の）中宿問屋場が、それぞれ業務を行っていました。戸塚宿の宿役人の数が、神奈川宿や保土ケ谷宿と比較して多いのはこうした事情がよるものと思われます。

こうした宿役人たちは、宿場運営の責任を負い、街道を往来する参勤交代の大名家や幕府役人との折衝などを行いました。中でも問屋は宿役人のトップとして、重要な責任を負っていました。そのため、本陣と同じように宿場内の有力者がこれを勤めました。場合によっては本陣と問屋を兼任したケースもありました。

『神奈川駅中図会』にみられる「問屋役所之図」の挿絵は、海側より東海道越しに神奈川宿の問屋場の辺りを眺めた構図となっています。左側中央にみえる東海道から若干下がっている建物が「問屋役所」（問屋場）です。その内部は、荷物の上げ下ろしに利用されたと思われる土間があり、その右側には執務中の宿役人の姿がみえます。

１９９７年11月21日

江戸3　一里塚　街道のランドマーク

【一里塚とはどのようなものなのでしょうか】

「すべての道はローマに通ずる」という有名な言葉があります。これは古代ローマ帝国における道路の重要性を意味するものです。古代ローマ帝国では、ローマを中心に帝国の領域各地に道路が建設されるとともに、その道路にはローマを起点として一マイル（約一六〇九メートル）ごとにマイルストーンとよばれる里程標が設置されていました。

同じように江戸時代においても、当時の政治的首都であった江戸から各地へ放射線状に伸びる五街道などの主要な街道には、日本橋を起点として一里（約四キロメートル）ごとに一里塚と呼ばれる里程標が設置されていました。

幕府の道中奉行所によって作成された「東海道宿村大概帳」によれば、横浜市域には東海道の一里塚として、東から西へ向かう順序で市場村（鶴見区）・東子安村（神奈川区）・青木町（神奈川区）・保土ケ谷宿（保土ケ谷区）・品濃村（戸塚区）・平戸村（戸塚区）・戸塚宿（戸塚区）・原宿村（戸塚区）という八か所の一里塚がみられます。

こうした一里塚は、東海道の両側にあり、土盛りがされて小さな塚状の形をしていました。また、塚の上には松や榎などが植えられました。いずれも、街道を行く人々の目安となるように、遠くからでも目立つようにしたためと思われます。しかし、近現代における道路の拡張などに伴い、多くの一里塚は撤去されてしまいました。市域でも、そのままの形で残されているのは品濃村の一里塚だけで、あとは市場村の一里塚の片側だけが残るのみです。それ以外の場所は一里塚の跡地を示す標識などによって往時をしのぶことができるだけです。

『神奈川駅中図会』の「一里塚・三宝寺・飯綱社之図」という挿絵によれば、画面の下部を左右に横切っている東海道をはさんで、ほぼ画面の中央に青木町の一里塚があります。ただし、海側（手前側）の一里塚は塚の頂上部がわずかにみえる程度です。山側（奥側）の一里塚は、左側の飯綱社（現在の大綱金刀比羅神社）への参道と、三宝寺への参道にはさまれています。一里塚の頂部は周辺の建物の屋根よりも高く、そこに植えられた木の高さとあわせて十二分にランドマークとして機能を果たしていたことがうかがわれます。

１９９７年11月28日

江戸４　見附　町並みの範囲を示す

【見附とはどのようなものなのでしょうか】

旧東海道にあたる国道一号線が、戸塚区吉田町八八四番地を通る辺りに、「江戸見附前」という信号があります。この名称は、江戸時代、この辺りに戸塚宿の江戸寄り（東側）の入り口であった江戸見附が存在していたことによります（道路に面して「江戸見附跡」を示す碑が残されています）。見附とは、東海道などの主要な街道の宿場にみられるもので、宿場の二つの出入り口におかれました。江戸側（東側）の出入口にある見附を江戸見附、京都側（西側）の出入口にあった見附を上方見附と呼んでいます（当時、京都や大坂方面は上方と呼ばれていました）。この江戸見附と上方見附の間が、町並みとしての宿場の範囲を示していることになります。

横浜市域にあった東海道の神奈川宿・保土ケ谷宿・戸塚宿にもそれぞれ「江戸見附」と「上方見附」がありましたが、その後の道路の拡張などにより撤去され、残念ながら残されていません。

初代広重の描いた東海道五十三次物の一つである蔦屋版東海道（版元が蔦屋であるため、一般にこう呼ばれています）のうち、石薬師（現在の三重県鈴鹿市）の宿場を描いた浮世絵には、江戸側か京都側かは判明しませんが、宿場の入り口の情景が描かれており、東海道をはさんだ両側に土居が存在していることが確認できます。この土居が見附です。

東海道に対して直角に交差する角度で設置されており、その土台部は石垣で固め、土盛りされた頂部には柵が設けられています。その高さは、往来する旅人の背丈をはるかに超えています。もちろん絵画上のデフォルメがなされていることも考慮しなければなりませんが、おおよその構造はうかがうことができます。

ちなみに神奈川宿の江戸見附を記述した絵図によれば、土居の断面は台形をなし、その基底部の幅は二間二尺（約四・二メートル）、頂部の幅は二尺（約六十センチ）、高さは八尺五寸（約二・五メートル）となっています。この上に高さ二尺五寸（約七十五センチ）の柵が設けられています。

このように見附は簡易な防御施設であると同時に、宿場の範囲を視覚的に示すものであったのです。

１９９７年12月5日

江戸時代3　藩直営の七里飛脚

横浜市域には、江戸と各地を結ぶいくつかの街道が通っていました。その中でも最も重要であったのが、五街道の一つである東海道です。市域には東海道の宿場として、東から神奈川宿・保土ケ谷宿・戸塚宿という三つの宿場がおかれました。

江戸と京都を結ぶ東海道は、全長が約五百キロメートルに及び、徒歩で往来する旅人は二週間程度かかったといわれています。それでは、東海道を最も速く往来していた飛脚ではどのくらいの日数がかかったのでしょうか。町飛脚で通常六日間、緊急を要する幕府の公用の場合は三日間で届けられました。もちろん、五十三次の宿場を一人の人間が駆け通すのではなく、宿場ごとに継ぎ送っていきます。

ところで、諸大名の中には藩直営の飛脚を設置したものがみられます。東海道の宿場にそうした飛脚をおいたのは御三家の尾張家・紀州家と、親藩である出雲松平家でした。こうした藩直営の飛脚は、ほぼ七里ごとに荷物の引き継ぎをする施設を設けたため、「七里飛脚」とよばれていました。市域の宿場にもこの施設はおかれ、紀州家は神奈川宿に、尾張家は保土ケ谷宿に、出雲松平家は神奈川宿に、それぞれ七里飛脚の役所を設置しています。

紀州家の歴史を記述した『南紀徳川史』によれば、七里飛脚は江戸の藩邸の中間から選抜され、各宿に二名ずつ配置されたとされています。各宿に設置された七里飛脚の役所の玄関には、葵の紋章が入った提灯を掲げていました。宿場や周辺の村々の者たちは、七里飛脚を「御役人様」とよんでいました。

こうした七里飛脚は、通常は江戸と国元を結ぶ藩の書状を継送する役目に従事していましたが、このほか、参勤交代の時に宿泊先の本陣などにかかげる札である関札や、荷物の運搬に必要な人足の動員について、宿場役人などと折衝しました。この際、宿場役人に落ち度があると、直ちに呼びつけ叱りつけたそうです。また、多摩川が満水のため、川止めになると、多摩川の渡し場を管理していた船会所から、先述した各家の七里役所へその旨の注進が行われています。

このように七里飛脚は、それぞれの藩の威光を背景にして、宿場において羽振りがよく、『南紀徳川史』によれば、宿場の喧嘩口論の仲裁なども行っていたとされています。　1996年2月16日

江戸5　立場　大名や旅行者が休息

【立場《たてば》とはどのようなものなのでしょうか】

江戸日本橋から京都三条大橋にいたる東海道の全行程は、約百二十五里（約五百キロ）に及びます。この間、東海道五十三次とよばれる五十三の宿場がありますので、単純に平均すると各宿場間の距離は二・三里（約九・二キロ）となります。もちろん神奈川宿と保土ケ谷宿の間のように一里九町（約五キロ）という短距離の場所もありましたが、逆に平均距離よりも長い場所もかなりあったことがわかります。

したがって、五十三次の宿場だけでは、東海道の往来に支障をきたすため、宿場と宿場の間に立場という場所が設けられました。通常、立場には茶屋があり、参勤交代の大名や一般の旅行者が休憩しました。また、駕籠《かご》かきたちが休息したのも立場でした。

こうした立場は、横浜市域の東海道にも設置されています。幕府の道中奉行所によって作成された「東海道宿村大概帳」によれば、市域の立場として、川崎宿（川崎市）と神奈川宿（神奈川区）の間には鶴見村（鶴見区）字横町と生麦村（鶴見区）字原町の二か所、神奈川宿と保土ケ谷宿（保土ケ谷区）の間には芝生村（西区）字浅間下の一か所、保土ケ谷宿と戸塚宿（戸塚区）の間には保土ケ谷宿字境木と上柏尾村（戸塚区）字提灯の二か所、戸塚宿と藤沢宿（藤沢市）の間には原宿村（戸塚区）

字台と山野新田（戸塚区）字影取の二か所の、合計七か所があげられています。

こうした市域の立場の中で、浮世絵の素材として描かれている回数が多いのは境木の立場です。江戸を出てほぼ東京湾沿いの平地部を通ってきた東海道は、保土ケ谷宿と戸塚宿の間で武蔵国と相模国の国境をこえます。両国の国境周辺は、幾筋もの尾根が伸びる丘陵地帯で、なかでも境木の立場は横浜市域の東海道でも最高点にあり、遠く鎌倉の山々を望むことができました。保土ケ谷宿から一里（約四キロ）、次の立場である上柏尾村字提灯まで二十五町（約二・八キロ）の地点にある境木の立場で、人々はそうした風景を見ながら茶屋で一息ついたのです。初代広重の狂歌入東海道（画中に狂歌が入っているため、一般にこう呼ばれています）の保土ケ谷宿の絵からも、境木立場の茶屋の穏やかな情景を偲ぶことができます。

１９９７年12月12日

江戸6　並木　多くの浮世絵に描写

【並木とはどのようなものなのでしょうか】

東海道をはじめとする主要な街道の道端には、並木が並んでいました。木の種類としては、松が最も有名ですが、この他に杉、柏、榎などもあったようです。

こうした並木が醸し出す木陰は、東海道を往来する旅人にとって、格好の休み場になったことと思われます。こうして並木は街道を代表する風景として、多くの浮世絵に描かれています。しかし、道路の拡張などに伴い、その多くは伐採され、また、わずかに残された並木も自動車の排気ガスなどにより枯れるケースが多く見られます。現在では浮世絵や近代初頭の写真などから、その情景を偲ぶことができるだけです。

幕末に貞秀が描いた「東海道之内生麦」という浮世絵は、東海道の生麦村（鶴見区）の子安村寄りの辺りを、参勤交代の行列が東から西へ向かっている情景を描いています。東海道の手前から奥に向けて遠近法を用いており、参勤交代の行列の長さを印象づけています。東海道の両側は、若干の土盛りがなされ、松の木が点々と植えられています。もちろん多少のデフォルメを考慮しなければなりませんが、当時の松並木の状況をうかがうことは十分に可能だと思われます。

ところで、街道の並木の役割は単なる休憩のための場所を提供するものだけではありませんでした。宝永八＝正徳元（一七一一）年二月、幕府は東海道に面している宿場や村々に、見附や一里塚といった街道の施設の整備に関する触書を出します。この中で、並木が無い場所には六尺（約一・八メートル）以上の木を植えること。枯れている木は植え替えること。木の枝葉が茂り過ぎているものについては刈り取ることなどを命じています。同様な触書は、この時期頻繁に出されています。

こうした触書は、徳川家宣の六代将軍就任に伴い、翌正徳二（一七一二）年秋に予定されている朝鮮使節の来朝に関して出されたもので、外国の使節が東海道を通行する際に見苦しくないようにするための処置と思われます。いわば朝鮮使節に対して、東海道がいかに立派で整備されているかを見

せるためのものでした。そうした道具立ての中に並木も含まれていたのです。　１９９７年12月19日

江戸7　道幅　現在より格段に狭く

【東海道の道幅はどのくらいだったのでしょうか】

十七世紀半ば頃の武蔵国（おおよそ現在の東京都、埼玉県、神奈川県の横浜市・川崎市が含まれる地域）の村々の名称・村高・領主名を書き上げた帳簿である「武蔵田園簿」の末尾には、「武蔵国道法」として江戸から各地へ伸びる主要な街道の武蔵国内のルートや宿場、宿場間の距離などの記載がみられます。

東海道についても「江戸日本橋ヨリ相州境志名野坂迄」という名称で記述されています。なお、「相州境志名野坂」の「相州」は相模国のことで、「志名野坂」とは品濃坂を指すと思われます。記述の内容は「神奈川より帷子迄壱里、但道広六間」というように、日本橋～品川宿、品川宿～川崎宿、川崎宿～神奈川宿、神奈川宿～保土ケ谷宿（史料では「帷子」と記載されています）、保土ケ谷宿～志名野坂といった区間ごとにその距離と「道広」（道幅のこと）が記されています。

それによれば、日本橋から武蔵・相模国境である志名野坂にいたるまでの総延長である八里二十九町（約三五・二キロ）の間はいずれの区間においても「道広六間」と記されており、武蔵国内にお

ける東海道の道幅は一貫して、六間（一間＝六尺で、約一・八メートルに換算。したがって、六間は約一〇・八メートル）であったとされています。

これに対して、十九世紀前半に幕府の道中奉行所が調査した結果をまとめた「東海道宿村大概帳」によれば、市場村（鶴見区）では道幅三間（約五・四メートル）、鶴見村（鶴見区）では四間（約七・二メートル）、生麦村（鶴見区）では四間～五間（約九メートル）というように、場所によって若干の違いがみられるもの、おおよそ市域の東海道の道幅は三間～五間となっています。また、神奈川宿は三間～四間、保土ケ谷宿も四間～四間半となっており、宿場においても道幅に大きな変化はみられません（なお、戸塚宿については道幅の記載がありません）。

いずれにせよ、現在の主要な国道や高速道路に比べると、格段に狭いことがわかります。当時の陸上交通の手段は人や駕籠《かご》、あるいは馬といったところなので、この程度の道幅で十分に間にあったということなのでしょう。

１９９７年12月26日

江戸時代４　風避けの神奈川湊

五街道をはじめとする江戸時代の街道には、多くの人と物が行き交っていましたが、人や牛馬を輸送手段とする当時の陸上交通では、運ぶことのできる物資の量は限られていました。そのため、より大量の物資をまとめて輸送するのには、船による水上交通が利用されました。

江戸時代、政治の中心地は徳川将軍の城下町である江戸でしたが、経済の中心地は大坂を中心とする上方でした。したがって、江戸における消費物資の多くは、大坂方面からの海上輸送に頼っていました。このため、海上交通の航路は発達し、沿岸各地に停泊や風待ちのための湊が発達しました。江戸湾あるいは江戸内湾と呼ばれていた当時の東京湾にもいくつかの湊が存在していました。その中に神奈川湊をみることができます。

神奈川湊は、中世から存在していた湊で、品川湊と共に江戸湾有数の湊として繁栄していました。文政七（一八二四）年に神奈川町の住民である煙管屋喜荘によって著された『金川砂子』には、「諸国大小の廻船、日々此津より湊して交易す」とあり、諸国の船が神奈川湊に出入りしていた様子がうかがえます。

また、天保十五（一八四四）年に製作された『細見神奈川絵図』には「諸廻船入津ノ湊ニテ、諸品ヲ商、相州ノ小麦ヲ上方ヘ積、又旅客爰ニ泊」と記されており、諸国の廻船が神奈川湊に出入りし、諸品の商いが行われていることがわかります。中でも上方（京都・大坂方面）向けの相州（相模国）小麦の出荷が盛んだったようで特記されています。

当時の船は風力によって航行するので、風向きが良くないときには、湊で風待ちをしました。また、湊においても直接陸地に接岸するのではなく、小船に荷をのせて陸揚げしています。このため、湊には背後に山を持ち、風を避けることのできる水深が比較的深い入り江が最適でした。神奈川湊は、「屏風を立たるさま」と表現されるように、本牧の台地や権現山などに囲まれていました。そのため、「何風ニテモ船掛リ吉」とどのような風向きであっても、風避けの適地だったのです。

こうした神奈川湊の風景は、神奈川宿を題材として初代歌川広重などが描いた多くの浮世絵によって、うかがうことができます。

1996年2月23日

江戸5　幕府に魚の献上も

東京湾は神奈川県、東京都、千葉県に囲まれていますが、江戸時代には相模・武蔵・下総・上総・安房の五か国に囲まれていました。このうち、相模・武蔵・上総の三か国には、合計四十四の漁村（「四十四か浦」と総称されます）が存在し、漁業を営んでいました。

この四十四か浦は、御菜八か浦、武蔵国久良岐郡の十三か浦、相模国三浦郡の八か浦、上総国の十五か浦からなっていました。このうち、御菜八か浦の神奈川猟師町・新宿浦・生麦浦と、武蔵国久良岐郡の十三か浦が、横浜市域に属しています。

ただし、漁村だけでは当時の行政単位である村を構成することができず、神奈川猟師町は神奈川町に、新宿浦は（子安）新宿村に、生麦浦は生麦村に、それぞれ属していました。また、現在は漁業を行う人々のことを「漁師」と表記しますが、江戸時代は「猟師」と表記することが多かったようです。

これらの漁村の内、もっとも規模が大きかったと思われる神奈川猟師町は、宝暦四（一七五四）年には、猟師（漁師）が八十九人、獲れた魚類を商品として扱う肴商売人が三十三人存在していました。

また、神奈川宿の名産品の一つとして、魚介類が知られ、幕末の浮世絵師北渓が描いた『江島紀行』の「神奈川」の絵には、神奈川浦で捕獲されたと思われるタコ・フグ・タイなどが描かれています。

ところで、四十四か浦の内、横浜市域の三か浦の他、羽田猟師町、品川猟師町、金杉浦、本芝浦、大井御林町から構成される御菜八か浦は、御菜御肴《おさいおさかな》と称される江戸城への魚の献上を毎月三回ずつ行っていました。

この御菜御肴の上納は、「御入国以来」の「御由緒」とされています。「御入国」とは、天正十八（一五九〇）年の徳川家康の関東入国を指しますので、それ以来、江戸城への上納が行われたとされています。この御菜御肴の上納を根拠として、御菜八か浦は、他の三十六か浦に対して優越的な地位にあったのです。また、御菜御肴の上納は、幕府に対する公的な負担であり、たとえば神奈川猟師町は、青木町とともに神奈川宿を構成している神奈川町に属していますが、神奈川宿で負担する人馬役については、十八世紀半ばまでその負担が免除されています。

１９９６年３月１日

いろいろな一里の長さ

東海道をはじめとする主要な街道には、一里（約四キロ）ごとにその距離を示す一里塚が存在していたことは前に紹介したことがあります。一般に江戸時代の長さ・距離を表す単位は、六尺＝一間、六十間＝一町、三十六町＝一里とされ、一里塚も原則これにもとづいて設置されていました。

とはいえ、一里の長さについては、時代や地域によって、六町＝一里や五十町＝一里といった数え方も存在していました。たとえば、六町＝一里の制度は、江戸時代以前の関東地方で使われており、鎌倉の七里ガ浜や房総半島の九十九里浜は、この一里によっているものと思われます。また、天保七（一八三六）年に保土ケ谷宿で作成した、金沢道に関する書上げでは、東海道の保土ケ谷宿から金沢の町屋村（金沢区）までの距離は四里であるが、この場合の一里は「五拾町壱里、申伝ニ御座候」と記しています。この記述によれば、保土ケ谷宿～町屋村は五十町＝一里であり、同じ一里でも通常の三十六町＝一里に比べて十四町（約千五百メートル）ほど長い距離になります。「申伝」（申し伝え）とあるので、はっきりはしないものの、山や坂、峠を越えるこのルートを、三十六町＝一里のつもりで歩くと結構大変だったことが想像されます。

２０１２年１月　２０８号

参勤交代の宿泊

東海道などの主要な街道の宿場には、往来する人々の身分に応じて、本陣・脇本陣・旅籠屋《はたごや》といった宿泊施設が存在していました。参勤交代の行列でも、本陣あるいは脇本陣に泊まるのは大名と近侍の者だけで、百人～千人を数える行列の大半は、同じ宿場の旅籠屋に分宿することが一般的でした。逆にいえば、それぞれの宿場には、大名行列の人数を宿泊させるだけの旅籠屋がなければならなかったということになります。こうした事情から、各宿場の旅籠について、明確な基準は不明ですが、大・中・小といった分類が行われています。おそらく宿泊可能な人数や部屋数の広狭・多少等を基準にしているのでしょう。

それぞれの本陣では、こうしたデータを把握しており、行列が宿泊する数日前（場合によっては当日）に宿泊する旅籠屋を割り振る作業を行います。実際には、行列に先行している各大名の家臣と相談して行う訳ですが、たとえば、家老クラスの人物はそれ自体の御供もいるので、大名が泊る本陣に隣接した大旅籠屋を割り当てるといった、いわば行列内部の役割に対応した調整が必要になります。旅慣れた大名家の場合は前例などもあり比較的楽だったようですが、新規に大名に取り立てられた家の場合などは、担当者に人材を得ず苦労したことが想像されます。

２０１０年６月　１８９号

道中の宿泊事情

電話やインターネットで宿泊先を予約してから、電車・バス・飛行機などで移動する現代の旅行とは異なり、原則、徒歩の移動となる江戸時代の旅では、晴雨といった天候やその日の体調の具合によって、一日の行程の長さが変化することが多いため、宿泊地となる宿場の旅籠を事前に予約することはあまりなく、ほとんどが夕暮れ近くに到達することのできた宿場の、それもいくつもある旅籠の中から選ぶことになります。

宿場の旅籠の方でもこうした点は心得ており、旅人が宿を求める頃合いになると、それぞれの旅籠の前には旅人を自分の旅籠に呼び込むための客引きが出ます。通常、この客引きには、「留女《とめおんな》」と通称されているように、旅籠へ奉公している女性が出ることが多かったようです。旅人たちは、この留女と宿泊賃の金額などを交渉して、泊まる旅籠を決めていました。

とはいえ、中には旅人の腕や荷物を（団体の旅人の場合はその中でも一番力が無さそうな人を選んで）無理矢理に引っ張り、自分の旅籠へ引き込む強引な留女も多々いたようで、『東海道中膝栗毛』の文章や浮世絵の題材にもなっています。

２００８年3月　１６２号

旅の見送りと出迎え

電話やメールによっていつでもどこでも連絡がとれる現代でも、長い旅行へ出発する人を見送る時には多少なりとも「別れ」の感情が起きます。出合いと別れが、旅立ちと重ね合わされているのかもしれません。

江戸時代、江戸を出て西へと向かう旅人たちもさまざまな人々によって見送られました。普通は宿泊先の旅籠や住んでいる長屋から少し先の、見通しの良い場所で別れをつげたと思われますが、さまざまな名残りや想いがつのる時は、そのまま最初の宿場である品川や、多摩川の渡船を越えた川崎、そして江戸へと続く東京湾を一望できる最後の地である神奈川といった場所まで、東海道を一緒に歩み、そこで別れの宴席を催すこともあったようです。逆に西からきた旅人が江戸に入ったり、伊勢詣りなどの長期の旅を終えた村人たちが帰ってきた時には、知人や村人たちが近くの宿場まで出迎えに赴くのが一般的だったようです。落ち合った人々は、道中の無事を互いに喜びあったことでしょう。

落語「大山詣り」には、数日間程度の旅行期間であった大山詣りでも、その帰りには江戸の長屋で待っているおかみさんたちが、品川まで出迎えに行こうとする描写があります。もっともこれは品川宿で酒や遊びをしないように監視することが目的であったのかもしれませんが。

２００８年6月　１６５号

戸塚前の保土ケ谷

「おとまりは　よい程谷と　とめ女　戸塚前ては　はなさざりけり」

これは、弥次さん北さんで知られる『東海道中膝栗毛』のなかで、弥次さんが保土ケ谷宿で、留女といわれる客引きの女性と旅人とのやりとりをみて詠んだ狂歌です。

江戸日本橋を出て、東海道を西へ向かう旅人の最初の宿泊地は、戸塚宿となることが多かったのですが、その手前にある保土ケ谷（保土谷、程ケ谷、程谷とも表記します）宿としては、なんとか自分たちの宿場に泊めようとして、勧誘された旅人が「コレ手がもげらア」と声をあげるように、旅人の腕を引っ張り込んで旅籠へ引き込もうとするなど、やや強引ともいえる客引きが行われていたようです。冒頭の狂歌では、これを「戸塚前」（＝戸塚宿の手前にある保土ケ谷宿の立地性）と、客を「とっつかまえる」ことをかけてよんでいます。

留女の客引の情景は、「両側より旅雀の餌鳥に出しておく留おんな」と記され、旅人を雀に、それを呼びとめる客引の留女をおとりの餌に見立てています。もっとも、「留おんなの顔は、さながら面をかぶりたるがごとく、真白にぬりたて」とあり、「おとまりかへ」（お泊りですか？）と声をかけられた旅の僧侶が、この留女の顔を見て「イヤもちっとさきへまいろう」（もう少し先へ参ろう）といった位なので、あまり餌にはならなかったようですが。

２０１０年11月　１９４号

小田原提灯と箱根八里

夜がいまほど、ネオンや電灯の光に満ちあふれていない頃、人々は月明かりと手元の提灯を頼りに夜道を歩いていました。中でも小田原提灯は、畳んで仕舞うことが出来るので、携帯用として便利だったようです。小田原提灯という名称は、小田原（神奈川県小田原市）に住む職人が発明したからだそうですが、それではなぜ小田原という場所で、そうした提灯が発明されたのでしょうか。

いろいろな理由があったとは思われますが、その一つとしては、小田原が東海道五十三次の宿場であり、西に「天下の嶮《けん》」として有名な箱根八里の道を控えていることが挙げられると思います。平地では一日四十キロを歩く当時の旅では、通常、江戸日本橋を出発して小田原が二泊目となり、三日目に難所で知られる箱根八里の山塊を越えることになります。

弥次さん北さんの滑稽道中記である『東海道中膝栗毛』では、小田原と箱根湯本の間にある風祭という集落で松明《たいまつ》を売っている描写があります。小田原宿を朝早く出発したものの、まだほの暗い道中を歩く旅人を目当てにした商売でしょう。もっとも松明では後の処置に困るので、携帯に便利な小田原提灯が作り出されたように想像されます。

２００８年１月　１６０号

川の交差点―多摩川「六郷の渡し」

江戸時代の東海道が多摩川を越える場所は、「六郷の渡し」と呼ばれ、川崎宿と対岸の荏原郡八幡塚村（大田区）の間を、船で渡ることになっていました。もともとは六郷大橋と呼ばれる大きな橋が架けられていたのですが、度重なる多摩川の洪水により、幾度も流されてしまい、結局、貞享五（一六八八）年以降は、船渡しになっています。寛政三（一七九一）年の記録では、「馬船」（馬用の船）八艘・「歩行舟」（人間用の船）六艘があり、それを運用する「水主」（かこ―船頭のこと）が合計二十四人勤務していました。

一方、多摩川それ自体も、両岸の村々にとっては物資を運ぶ動脈として重要であり、特に江戸時代の半ばを過ぎると活発に帆を張った船が上下したようです。このため、六郷の渡し付近では、川を横断する渡し船と、上下へ行き交う船が交差することになり、多摩川を上下する船が渡し場の航路に近づくと、おおよそ一町（百九メートル）ほど前から帆をおろして、急に風が強くなってもぶつからないようにする決まりでした。とはいえ、上下する船にしてみれば、少しでも早く通り過ぎたいので、帆をおろさずに渡し船の航路を通り過ぎることが頻繁に行われていたようで、文化四（一八〇七）年には渡し船を運用する人々から代官に対して、従来からの決まりを遵守するよう村々へ通達してくれるように、願い書が提出されています。

２０１１年３月　１９８号

都市の生産物

江戸時代、百万人の人口を抱える江戸は、当時の政治の中心地であると同時に、一大消費地でもありました。生産に一定の技術を必要とする嗜好品などは上方（京都・大坂）から、保存が難しい蔬菜類などの日常品は「地廻り」とよばれる関東地方一円から、海路や陸路を使って、さまざまな物資が江戸へ運ばれ、消費されていったのです。

逆に都市・江戸で生産されるものとしては、周辺の農村で田畑の肥料として使用される「下肥」があります。「下肥」とは、農村に比べて栄養価の高い食物を摂取していた都市民が排泄する糞尿のことで、周辺地域の農民たちは争ってこれを購入していました。

十九世紀に入り、次第に都市的要素が強くなっていった東海道神奈川宿においても、こうした事情は同様であったようで、弘化五＝嘉永元（一八四八）年正月には、北綱島村（港北区）の名主の出資により町内の空地二か所に長屋九軒と三か所の「雪隠」（便所）を建設するかわりに、八年間の家賃を同人へ納め、その後に引き渡してもらう旨の契約を行っています。明記はされていませんが、その「雪隠」から出る「下肥」の売買代金によって、一定額の収入を得ることが想定されていると思われます。

２０１０年5月　１８８号

神奈川宿の質屋仲間

東海道の神奈川宿（神奈川町と青木町）は、天保十四（一八四三）年時点で人口六千人を数え、江戸時代の横浜市域では最も人口が集中している町場でした。同宿にはさまざまな業種の商人や職人が居住し、それぞれの業種ごとに「仲間《なかま》」とよばれる同業者組合を構成していました。ここではその内、質屋仲間について紹介してみましょう。

物品を質入れして金銭を取得するという質屋の営業形態は、一般の人々にとって最も手っ取り早く金銭を得ることができるものですが、往々にして（蒲団・衣類などの）盗品が質入れされるケースが多く、質入れした人物や物品の確認と、それを台帳に記入することが義務付けられていました。ところが、文化九（一八一二）年二月に起きた事件の調査時に、質屋の軒数が多くて質入品の確認に手間取り、これ以降、四十五軒に限定されることとなりました。

質屋仲間には、互選で選ばれた「年行事」「月行事」と呼ばれる役員が置かれ、営業規則の内容とその遵守を確認した「議定《ぎじょう》」とよばれる取極めの書類を作成していました。また、神奈川宿の質屋業へ新規参入を望むものは、四十五軒の中で営業を休止・廃止している人の（質屋）株を譲渡・購入することが必要とされました。

２０１１年8月　２０３号

神奈川宿の「火防人足」

家々が点在している農村とは異なり、街道に沿って家並みが連続している宿場では、火元が小さくても、風の強さと向きによっては、宿場の大半を焼失してしまう大火事になる可能性が強く、火の元の管理についてはより厳重さが要求されるとともに、今でいえば消防団に該当する、防火のための自衛組織が必要とされていました。

東海道神奈川宿の東半分にあたる神奈川町（神奈川区）には、「火防人足」と呼ばれる防火組織が存在していました。嘉永四（一八五一）年六月に作成された「火防人足取締一札」には、神奈川町を構成する十か町百三十四名の人たちが名を連ねています。この組織へ加入すると、目印としての「半天」（半纏）が貸与され、辞める際に直ちに返納していたようです。火事の現場などで「火防人足」のメンバーであることが瞬時にわかるためのユニホームといったところでしょうか。

もっとも、火事場での消化・防火活動といった事柄のため、「火防人足」の年齢構成は若者たちが大部分を占めていたと想像され、先述した「火防人足取締一札」には、火事場での喧嘩・口論の禁止や、祭礼時における警備のための詰所で酒を飲まないことなどが記されています。

２０１１年９月　２０４号

御菜八か浦と魚の流通

江戸時代の行政単位である「村」は、原則として、田畑を耕作して農作物を生産する農村を基準としていました。そのため、海で漁猟を行って生計をたてる漁村は、単独では「村」として認められず、「猟師町」あるいは「浦方」という名称で、農村＝「村」に付属するという形をとりました。

東京湾に面している横浜市域にも、十か所前後の漁村が存在していましたが、なかでも現在の神奈川区と鶴見区に存在した神奈川猟師町・（子安）新宿浦・生麦浦という三つの漁村は、毎月三回、江戸城へ魚（これを「御菜《おさい》御肴《おさかな》」と称しています）を上納しており、同様に江戸城への上納を行っていた品川区・港区に属する五つの漁村と合わせて、「御菜八か浦」と呼ばれ、東京湾内に存在する多くの漁村の中でも特別な地位を占めていたといわれています。

十八世紀の半ばにあたる宝暦四（一七五四）年には、神奈川猟師町には八十九人の猟師と三十三人の「肴商売人」がいました。神奈川町周辺の地先で漁獲された魚は、神奈川猟師町へ荷揚げされ、同地にある魚市場で取引され、神奈川宿の旅籠や茶屋、さらには周辺の村々へと運ばれていきました。

２０１０年３月　１８６号

資金の運用方法

人馬数の負担増加に伴う東海道の宿場の困窮を救うため、幕府は寛政十一（一七九九）年から文化五（一八〇八）年までの十年間、人馬の賃銭を二割増しとし、そのうちの一割を人馬の供出者へ、残りの一割を宿場へ、与える政策を実施しました。これをふまえて、保土ケ谷宿では宿場へ与えられる一割分を積み立て、一定の金額に達した段階で、それを他へ貸し付けて利子を徴収するという運用を行っています。

文化元（一八〇四）年より順次始まったこの貸し付けは、文化九（一八一二）年では、吉田新田の勘兵衛・七五郎へ各五十両（年利七％）、小杉村の平六へ百両（同七％）、井土ケ谷村の市右衛門へ百五十両（同四・八％）、保土ケ谷宿の九左衛門へ五十両（同七％）の、合計四百両に達し、その利子は年間二十五両となっています。保土ケ谷宿より貸し付けを受けた人物たちは、いずれもそれぞれの地域における経済的な有力者であり、自ら多額の財産を保持するだけでなく、その信用にもとづいて各所から金銭を借り受けて資金を拡大し、それをさらに第三者へ貸し付ける等の運用を行っていたと思われます。当然、年利七％での資金調達をしていれば、第三者への貸付金の利率はそれ以上ということになるわけで、いわば現在の銀行や信用金庫の機能を個人名義で行っていたということになります。

２０１２年２月　２０９号

横浜のシルクロード

「シルクロード」（絹の道）といえば、中学校や高校の世界史で習ったように、ユーラシア大陸を東西に結ぶ道のことですが、実は横浜にも「シルクロード」と呼ばれる道が存在しています。

横浜のシルクロードは、安政六（一八五九）年に開港された横浜港へ、当時の主要な輸出品であった生糸を、その集散地であった八王子から運んだルートのことで、おおむね八王子から鑓水峠を越えて町田街道に入り、さらに国道一六号線に沿って横浜へいたる行程になります。もちろん当時呼ばれていた名称ではなく、後年になってユーラシア大陸のそれにちなんで付けられたものです。

もっともその道筋は、横浜開港によって新しく成立したものではなく、それ以前から八王子と、当時の物流の拠点であった神奈川宿・神奈川湊とを結ぶ街道として存在していました。神奈川から八王子へ向かう方向では「八王子道」と、八王子から神奈川へ向かう方向では「神奈川道」と、それぞれ行き先の地名を付した道の名称で呼ばれていたようです。横浜開港により、この道の神奈川宿の手前にあたる橘樹郡芝生村（現在の西区浅間町）から、開港に伴って建設された横浜道を通って開港場へ向かうようになったのです。

２０１１年７月　２０２号

神奈川県と横浜市

横浜市内の各地でさまざまな行事が行われた平成二十一（二〇〇九）年は、安政六（一八五九）年に横浜が開港してから一五〇周年にあたります。前年の安政五年にアメリカ・イギリス・フランス・オランダ・ロシアの五か国と締結された通商条約にもとづき、外国との貿易を行う場所＝開港場として、横浜が開港されたわけで、横浜市の名称もこれに由来しています。それでは神奈川県の名称は何に由来しているのでしょうか?。これには開港場の設置場所をめぐる問題が絡んでいます。

実は諸外国との間で結ばれた条約によれば、開港場は「神奈川」とされていました。現在の横浜駅から相鉄線天王町駅あたりは、かつては入り海となっており、神奈川湊という港になっていました。当時、大きな船が直接陸地に接岸することはなく、沖合に停泊して、荷物は小船に乗せ換えていました。神奈川湊の停泊地はおおむね横浜駅付近で、そこから東海道神奈川宿の青木町等へ荷揚げしていました。本来は、この神奈川湊・神奈川宿が開港場になるはずでしたが、江戸幕府は、東海道で江戸と直結している神奈川宿を開港場とすることに不安を覚え、それよりも僻遠の地である横浜村を、広い意味での神奈川に含まれるとして、数か月の短期間で造成工事を行い、開港場としました。とはいえ、条約がありますので、開港場を管理する役所の名称は「神奈川奉行所」とされ、それが明治に入って神奈川県という名称へ引き継がれたのです。

２００９年11月　１８２号

第3章　名所旧跡・物見遊山

絵図4　金沢八景　眺望を誇った能見堂

【江戸時代の金沢八景はどのような所だったのでしょうか】

現在の横浜市域の名所旧跡としてもっとも有名なものはやはり金沢八景（金沢区）でしょう。金沢八景は、現在は埋めたてられてしまった内川入江と平潟湾にみられた洲崎晴嵐・瀬戸秋月・小泉夜雨・乙艫帰帆・称名晩鐘・平潟落雁・野島夕照・内川暮雪という八つの風景であり、中国の西湖八景を範として成立しました。十七世紀の末頃には一般に定着したようで、江戸近郊の名所として多くの文人や庶民たちが訪れています。

金沢八景を眺望する場所として、もっとも有名であったのが能見堂です。一八三〇年代に刊行された『江戸名所図会』には、金沢八景を描いた「金沢勝景一覧之図」という挿絵が掲げられていますが、この絵は「能見堂より平臨する所の図なり」とあるように、能見堂から金沢八景を眺望する構図となっています。金龍院など、この他にも金沢八景を眺望する地点はいくつか存在しますが、その中でも『江戸名所図会』の作者は、能見堂からの眺望を選択したということになるでしょうか。

能見堂は、保土ケ谷宿において東海道から分岐して金沢にいたる金沢道の途中にあり、金沢八景を一望できる高所にありました。当時の紀行文である『玉匣両温泉略記』によれば、「奥に阿弥陀の堂、其右に堂守の僧居て、八景の地図をうり、遠目鏡を見せて業とする也」とあるように、能見堂から見

える金沢八景の風景を「地図」（木版刷りの絵図）にして販売したり、八景を眺望するための遠眼鏡をおいて人々からその料金を徴収していたと記されています。

能見堂の情景は、『江戸名所図会』の「能見堂擲筆松」という挿絵に描かれています。それによれば、画面手前に見える金沢道を駕籠に乗った人々が往来したり、茶店で旅人がくつろいでいる姿とともに、左側におかれた遠眼鏡を三人の男たちが覗き込んでいるのが目を引きます。この遠眼鏡は、木か竹で組まれた台の上に固定されているようで、同じく『江戸名所図会』の挿絵である「神奈川台」において、台町の茶屋桜屋から女性が手で持っている遠眼鏡に比べるとかなり大型のものであることが想像されます。おそらく、この遠眼鏡が『玉匣両温泉略記』に記されている「遠目鏡」であると思われます。

１９９７年４月４日

東海道と神奈川宿２　名所だった「人穴」

寛政九（一七九七）年に成立した東海道の名所記である『東海道名所図会』には、神奈川宿の風景を描いた「神奈川駅の南芝生の浅間神祠」という挿絵がみられます。これは、神奈川宿の西隣にあたる芝生村の浅間神社を遠望した情景です。ここには富士の人穴とよばれる洞窟があり、神奈川宿の名所として知られていました。挿絵には「人穴の奥千間の宮広し、これ日本の桃源郷なり」と文章が記されています。

この富士の人穴は早くから有名であったようで、十七世紀中ごろの道中記である『東海道名所記』には「宿の町はづれより左へつきて海端を通る。右の方に熊野権現の社あり。小家の傍に穴二ツあり。富士の人穴といふ」と記されています。

ところで、東海道と中山道の名所旧跡を相撲番付に見立てた「江戸道中名所名物見立角力」という資料があります。これは、右側に東海道の、左側に中山道の名所旧跡を、大関、関脇、小結、前頭という順位をつけて並べているもので、いわば江戸時代中後期における東海道と中山道周辺の名所旧跡のランキングを示したものです（なお、この番付には横綱がなく、大関が最高位になります）。

それによれば、東海道の最高位である大関は富士山となっています。富士山は、東海道中の各所から望める山で、東海道を行く人々にとってもっともなじみ深いものであったのでしょう。富士山に続く関脇は、「越すに越されぬ大井川」とうたわれた東海道の難所であった大井川です。小結は三河国岡崎の岡崎橋。防衛上のためか、徒歩渡りや船渡しの多かった東海道では、大きな橋は珍しかったようです。岡崎橋はいわばその代表といったところでしょうか。前頭の筆頭は、宮から桑名へわたり東海道唯一の海上路である七里の渡しです。

これに次ぐのが、前述した富士の人穴です。ちなみにその次は箱根八里と称され、大井川とならぶ難所であった箱根山です。つまり、富士の人穴は、東海道有数の名所旧跡として、箱根山を上回る順位が付けられているのです。もちろん「江戸道中名所名物見立角力」の成立時期は不明であり、また他の同種の番付では異なった評価が行われている可能性もありますが、江戸時代のある時期、富士の人穴が東海道有数の名所として人々に知られていたことがうかがわれます。
１９９６年３月16日

東海道と神奈川宿３　浦島伝説と龍燈松

江戸時代、神奈川宿とその周辺の地には、浦島太郎の伝説にかかわる場所がいくつか存在していました。

神奈川町の東側にあった帰国山浦島院観福寿寺（観福寺）は、「浦島寺」とも呼ばれ、浦島太郎の伝説に関連するさまざまなものが残されており、神奈川宿の名所として知られていました。同寺の山号は浦島太郎が竜宮城から帰国したことに由来しており、また院号は浦島太郎の名字をそのまま使用しています。この他、神奈川宿の東隣にある新宿村の西蓮寺の境内には、浦島塚とよばれる塚があり、その頂上には五輪塔がおかれていました。

『金川砂子』によれば、観福寺の本尊は浦島太郎が竜宮より持ち帰ったとされる浦島観世音で、その左右に浦島大明神と亀化龍女神が鎮座していたとされています。おそらく浦島大明神は浦島太郎を神としたものと思われ、亀化龍女神は浦島太郎をその背中に乗せた亀（実は水をつかさどる龍女の化身）を神としたものと考えられます。

境内には、浦島太郎とその父のものとされる墓がありました。また、東海道から観福寺へ入る参道の入口には、亀の形をした台座の上に「浦島寺」と刻まれた石塔が立っていました。

観福寺は小高い丘の上にあり、その頂上には「龍燈松」とよばれる巨大な一本松がありました。この松は、『金川砂子』によれば、高さが二丈（約六メートル）、幹の周囲が一丈二尺（約四メートル）という大木でした。また、「龍燈松」の隣には常夜燈が設置されていました。この常夜燈は、夜間、航行する船の目印であったと思われます。同様に「龍燈松」も昼間、神奈川湊や沖合を行き交う船の目標として利用されていたことが想像されます。

「龍燈松」という名称について、『金川砂子』ではその枝振りが龍の形に似ていることによるとされていますが、あるいは龍が水をつかさどる想像上の動物であることに由来するのかもしれません。おそらく浦島太郎に関わる伝説もこうした海や船との関連で理解すべきものと思われます。

１９９６年３月22日

東海道と神奈川宿４　台町の名所「十五景」

安政五（一八五八）年、台町の茶屋石崎楼の主人石崎桃郷は、「神奈川台石崎楼十五景一望之図」という浮世絵と、「三五景一覧」という冊子を刊行しています。「三五景一覧」の「三五」とは、三×

五＝十五の意で、すなわち十五景のことを指しています。つまり両者とも台町からみえる十五の風景に関するものなのです。

その内容は、「神奈川台石崎楼十五景一望之図」が十五景を一枚の絵におさめているもの、「三五景一覧」が十五景のそれぞれの風景を描いているものとなっています。いわば石崎桃郷は、すでに眺望の開けた場所として評判の高かった台町に、十五景という名所を設定したことになります。

この十五景は、「三五景一覧」に所収されている順序によれば、①清水山清水②将軍山桜花③本覚寺宿鴉④芝生秋⑤鹿野山望月⑥平沼塩煙⑦芙蓉遥望⑧港千鳥⑨宮洲の汐干⑩野毛海苔舟⑪横浜漁火⑫権現山夕陽⑬洲乾雪⑭本牧船風⑮洲崎神社です。

この内、①②③⑧⑨⑫⑮は青木町に存在している寺社や海岸の風景です。なお、①清水山は台町の坂の頂上にある大日堂の山号であり、②将軍山は勝軍飯綱権現社の鎮座している山のことです。また、④⑥⑩⑪⑬⑭は台町から本牧へと伸びる視線上にみえる風景です。この他、⑤は東京湾の対岸にある上総国の鹿野山にかかる月の情景であり、⑦芙蓉遥望は富士山の遠望となっています。

このように十五景は、地域的には青木町を中心に、周辺の横浜・本牧・洲乾・野毛・平沼・芝生という近隣地域の他に、上総国鹿野山と富士山が含まれ、広い範囲に及んでいます。内容的にも海や船に関連したものや山の遠望も含まれるなどバリエーションに富んでいます。また、季節的にも将軍山桜花・芝生秋・洲乾雪というように春夏秋冬それぞれに該当するものが存在します。さらに一日の時間帯に関しても、景色が一望できる昼間はいうに及ばず、権現山夕陽・鹿野山望月・横浜漁火といった夕方から夜の風景も組み込まれています。つまり、一年のどの季節においても、また一日のどの時間帯においてもかならずいくつかの風景を楽しむことができるように十五景は設定されているのです。

１９６６年３月29日

東海道と神奈川宿5　亀甲煎餅が名物に

東海道の各宿場には、府中宿（現在の静岡市）の安倍川餅や丸子宿のとろろ汁、桑名宿の焼き蛤などといったそれぞれの宿場を代表する名物がありました。これらの名物は、東海道を扱った道中記や滑稽本の話の題材となったり、浮世絵や道中双六に描かれ、多くの人々に知られていました。それでは神奈川宿の名物はどういったものだったのでしょうか。

文政七（一八二四）年に書かれた神奈川宿の地誌である『金川砂子』では、「神奈川名産」として黒薬・生魚・亀甲煎餅をあげています。特に亀甲煎餅は「中興名品」とされ、重要視されています。また、天保十五（一八四四）年に作成された『細見神奈川絵図』では、名物として亀甲煎餅や黒薬があげられています。このように黒薬と亀甲煎餅の他、神奈川猟師町で水揚げされる水産物が、神奈川宿の名物でした。

このうち、黒薬は宿内の各寺院で販売されていた薬ですが、その実態は残念ながらよくわかりません。『金川砂子』によれば、青木町の本覚寺・宗興寺・三宝寺と神奈川町の能満寺で販売されていたようです。『細見神奈川絵図』にもこれらの各寺の場所には「クロ薬」という記述があり、販売されていたことがわかります。

亀甲煎餅は、その名の通り亀の甲羅の形を模したもので、おそらくは浦島伝説との関連で製作されたものと思われます。『金川砂子』によれば、「元祖　青木町若菜屋」とあり、最初に青木町の若菜屋で販売されたことがうかがわれます。『細見神奈川絵図』には、神奈川町から瀧の橋をわたった山側に「亀甲せんへい」という記述がみられますが、おそらくこれが若菜屋の場所を示しているものと思われます。

亀甲煎餅は、『東海道遊歴双六《すごろく》』など東海道五十三次を題材とした道中双六に描かれるように、神奈川宿の名物として評判が高かったようです。そのためでしょうか、その後亀甲煎餅をあつかう商家は増加したようで、瀧の橋の若菜屋以外にも、神奈川本宿の和泉屋や恵比寿屋、台町の田中福寿、荒宿の相模屋といった宿内各所で販売されるようになりました。また、保土ケ谷宿の仲の橋の吉川屋などでも販売されたようです。

1996年4月5日

江戸時代6　保土ケ谷宿の浮世絵

十九世紀に入ると、商品流通の展開などにより、東海道にも多くの庶民が往来するようになりました。これに伴い、東海道やその宿場を描いた浮世絵が数多く出版されるようになります。中でも有名なのは初代広重が描いたもので、最初のシリーズであり版元が保永堂であることから保永堂版とよばれるものをはじめ、十数種類のシリーズが残されています。

こうした浮世絵に描かれているのは、それぞれの宿場を代表する名所や名物でした。品川、川崎、神奈川に次ぐ東海道四番目の宿場である保土ケ谷宿においては、東海道が帷子川をわたる帷子橋と、武蔵国と相模国の国境にある境木の茶屋が多く描かれました。

境木の茶屋は、保土ケ谷宿と戸塚宿の間の峠の上にあるため眺望に恵まれ、旅人が一息つくのには格好の場所でした。茶屋で売られていた名物の牡丹餅と相まって、浮世絵のよき題材となったのでしょう。広重の東海道物の内、構図が竪であるため竪絵東海道とよばれたシリーズや、図中に狂歌が挿入されていたため狂歌入東海道とよばれるシリーズでは、境木の茶屋が描かれています。

一方、新町橋ともよばれる帷子橋も広重によってたびたび描かれています。先述した保永堂版の他、「東海道」という文字が隷書や行書で書かれていることから、隷書東海道や行書東海道とよばれているシリーズでも、帷子橋が描かれています。中でも保永堂版が最もよく知られています。

保永堂版の保土ケ谷宿は、帷子橋の江戸側より、帷子橋とその対岸を望む構図となっており、橋を渡る旅人とその先の家並みを描いています。ここで注目できるのは、橋を渡った地点で、東海道が右側へやや曲がっていることです。この屈曲によってもらされた宿場の情景が、画面に奥行きを与えているように思えます。おそらく広重もこうした点に注目して保土ケ谷宿の情景として帷子橋を選んだのでしょう。

実は東海道は、帷子橋の江戸側でも左側へやや屈曲しています。こうした東海道の屈曲は、芝生村から保土ケ谷宿にかけて、ほぼ真っ直ぐとなっている東海道に対して、やや斜めに交差している帷子川に橋を架ける際、橋の長さを短くするため、帷子川に直角に帷子橋を設置したために生じたものと思われます。

１９９６年４月12日

江戸時代7　分岐点に大仏の絵

戸塚宿は、東海道五番目の宿場であるとともに、大山へ向かう大山道や、鎌倉へ向かう鎌倉道との分岐点でもありました。「こめや」を描いた広重の保永堂版の戸塚にも「左り　かまくら道」という道標が書き込まれています。

鎌倉は、源頼朝が鎌倉幕府を開いた土地であり、中世を通じて東国の中心として繁栄すると共に、鶴岡八幡宮・建長寺・円覚寺・東慶寺など数多くの神社仏閣が存在していました。江戸時代にはいり、政治の中心が江戸に移って以後も、多くの文人たちが鎌倉の寺社を訪れています。さらに江戸時代後期になると、これに多くの庶民が加わり、江の島をも合わせた観光名所となっていきます。こうした人々が利用したのが先述した鎌倉道で、江戸から鎌倉、江の島へと向かう人々は、戸塚宿で東海道から分かれることになります。

ところで、江戸時代後期になると、東海道とその宿場を題材とした浮世絵が、初代広重をはじめ多くの絵師によって描かれるようになります。戸塚宿についても数多くの浮世絵が描かれていますが、ここでは鎌倉道との関連で、葛飾北斎が描いた絵の一つを取り掲げてみます。なお、北斎は富嶽三十六景の絵師として有名ですが、それ以外にも多くの絵が残されており、東海道を題材としたシリーズを数種類描いています。ここで扱う戸塚宿の絵はそのうちの一つということになります。

絵の構図は、おそらく戸塚宿から鎌倉へと向かう鎌倉道の途中の風景で、鎌倉見物と思われる五人の旅人が描かれています。注目すべきは、右上に位置する露座の大仏です。絵には何の文章も書かれていないので、確定することはできませんが、当時、戸塚や鎌倉の周辺で巨大かつ有名な大仏は、鎌倉の長谷にある大仏だけであることから、おそらく長谷の大仏であると思われます。

もちろん戸塚から鎌倉へいたる道中から、長谷の大仏が実際に見えたかどうかははっきりしませんが、戸塚宿が東海道と鎌倉道の分岐点であることを、北斎が象徴的に描いたと考えればそれほど無理なことでないように思われます。

１９９６年４月19日

名所の典型—「○○八景」

江戸時代、江戸・京都といった大都市や東海道などの主要街道の周辺には、さまざまな名所・旧跡が存在していました。なかでも日本三景と呼ばれる松島・宮島・天の橋立、あるいは東の金沢八景と西の近江八景などは、代表的な名所ということができます。いずれも入り組み囲い込まれた海・湖に接して、低い山や丘陵、あるいは島々が点在する地形となっており、古来より日本人が好む風景の典型であったと思われます。

さて、各地に存在する「○○八景」という名所は、中国の「瀟湘《しょうしょう》八景」を模倣したもので、晴嵐・秋月・夜雨・帰帆・晩鐘・落雁・夕照《せきしょう》・暮雪と呼ばれる八つの要素が、一定の範囲に散りばめられています。この八つの要素には、春・夏・秋・冬という季節、朝・昼・夕・夜といった時刻、晴・曇・雨・雪という天候、のいずれかが必ず含まれており、いつどのような天気であっても少なくとも八景の一つが該当するように設定されていました。また、鐘や雨の音、そして雪の無音というように、視覚だけではなく聴覚もまた風景を観賞する手段として想定され、あるいは身体の皮膚で湿り気なども感じたことと思われます。いわば風景を五感で感じること、それが名所として「八景」を認識するということになるのでしょう。

2008年9月　168号

江戸8　金沢道　名所・旧跡への枝道

【金沢道はどのようなものだったのでしょうか】

東海道は江戸と京都、大坂を結ぶ大動脈でしたが、その沿線には多くの名所・旧跡が存在していました。当時の旅は、目的地に行くことはもちろんでしたが、途中に存在するさまざまな名所・旧跡を訪ねることも重要な目的の一つでした。東海道からはそうした名所・旧跡へ行くいわば枝道が数多く分かれています。

横浜市域の名所・旧跡として、当時もっとも有名だったのは、金沢八景でしょう。同地には、江戸や周辺地域の文人や庶民たちが数多く訪れています。こうした人々は、江戸から東海道を西に向かい、保土ケ谷宿で東海道と分かれ、金沢道を通って、金沢八景やその途中に存在する杉田村の梅林を訪れました。

金沢八景を見物した人々は、朝比奈の切り通しを越えて鎌倉見物を行った後、戸塚宿で東海道と合流するか、さらに江の島へ向かい藤沢宿で東海道に戻ったものと思われます。　１９９８年１月６日

能見堂の遠眼鏡

品川から三浦半島の三崎口駅まで東京・神奈川の東京湾岸に沿って延びる京浜急行に「能見台駅」（金沢区）という駅があります。この駅名は、かつて近くにあった「能見堂」というお堂の名前に由来するものです。

「能見堂」は、保土ケ谷宿で東海道と分岐した金沢道が、金沢へ入る手前の高台に位置しており、金沢八景を一望することができる場所として知られていました。境内には、かつて巨勢金岡というすぐれた絵師が、金沢八景の風景を描写しようとしたところ、描くことができずにその樹の下に筆を投げたという伝説に由来する擲筆松が茂っていました。この話は、さまざまに変わりゆく金沢八景の風景の変化を表現することができなかったというよりも、そうした風景の一瞬を描いても金沢八景を語ることにはならず、むしろ絵で描くよりは心で感じるものであると巨勢金岡が理解したと解釈すべきでしょう。

もっともそうした高尚な画家や文人たちだけが、能見堂を訪れていたわけではなく、一般の庶民も数多く来ていました。こうした人々のためなのでしょうか、擲筆松の下には遠眼鏡が設置されており、おそらく料金を払って眼下に広がる風景を興味深くみていたようです。

２０１１年1月　１９６号

弘明寺への道標

かつての相模国鎌倉郡や武蔵国久良岐郡に含まれる横浜市域の南部を歩いていると、保土ケ谷や戸塚といった東海道の宿場、あるいは鎌倉、金沢といった町場への道筋を示す道標以外に、弘明寺（南区）への方向を示す道標を見かけることがあります。これは弘明寺が、横浜市域では唯一、坂東三十三観音の札所（第十四番）であることによります。

ちなみに西国三十三観音は、第一番の青岸渡寺（和歌山県那智勝浦町）からおおむね一筆書きの要領で関西地方を巡り、最後に第三十三番の華厳寺（岐阜県揖斐川町）に至りますが、この順序は伊勢参宮の後、西国三十三観音を巡り、帰途に善光寺へと回るという、主に関東地方の人々が回りやすいようなルート設定になっています。

これに対して、坂東三十三観音の順序は、第一番の杉本寺から相模国・武蔵国を一廻りして第十三番浅草寺から第十四番弘明寺にいたります。その後、第十五番から第三十三番まで上野（群馬県）・下野（栃木県）・常陸（茨城県）・下総・上総・安房（いずれも千葉県）へと大きく外廻りするという設定になっています。そのため、西国の人々が坂東三十三観音を巡礼する際には、必ずしも順番に従わず、最も西に位置する第五番の勝福寺（小田原市）から始め、相模国の第六・七・八番を経て、鎌倉へ至り、そこから弘明寺を通って浅草寺へと巡るルートが想定されます。前述の弘明寺への道標は、こうした西国の人々にとってきわめて役立つものであったことが想像されます。

２０１２年３月　２１０号

地域霊場の成立

江戸時代も十八世紀に入ると、農村の生産力が上がり、日本列島全体を一つの市場圏として物流が盛んになり、庶民にも物質的・時間的に余裕が生じるようになりました。現代風にいえば、余暇ができてきたということになります。こうした中、数日程度で回ることのできる、いわば地域霊場ともいうべき霊場・札所が各地にできています。

それ以前の霊場は、西国・坂東の三十三観音や秩父の三十四観音（全部まわると百観音となります）、あるいは四国の弘法大師八十八所、というように広い範囲の霊場を一か月程度の日数をかけてまわるというもので、それは実行するためには、深い信仰心だけでなく、体力と時間と資金にもそれなりの余裕が必要であり、一般の人々が簡単に赴くことは困難でした。

新たにできた地域霊場は、こうした旧来からの霊場・札所を模倣した「写し」「移し」が多く、たとえば江戸周辺の観音の地域霊場をみると、遠方にあるため行くことが困難な西国札所の写しが多く成立しています。地理的に近い坂東・秩父の札所は実際に赴き、あわせて西国札所の「写し」である地域霊場をまわれば、百観音になるということなのでしょう。

こうした地域霊場は、おおむね十二年に一回、十二支の年を決めて開帳を行っています。ちなみに二〇〇八年は子年で、四月頃には各地で観音の地域霊場の開帳が行われます。

２００８年5月　１６４号

地域名のつく富士山―〇〇富士

二十〜三十年前までは、地域で一番の繁華街のことを、その地域の名前に「銀座」を付けて〇〇銀座と呼ぶ習慣がありました。これは東京の繁華街である銀座を、模倣してつけられたものです。同じように全国各地で模倣されている名称に〇〇富士がありますが、その名の付き方は二通りあるようです。

一つは高さや山の形によるものです。富士山は、日本で一番高い山であるとともに、円錐形の単独峰という美しい山容を持っています。そのため、地域で一番高かったり、最も美しい山の通称として、〇〇富士という名前が付けられる場合があります。

もう一つは、信仰に関わるものです。富士山は、かぐや姫の物語である「竹取物語」において、かぐや姫が残した不死の霊薬を焼いた場所として登場するように、古来から霊山として崇められていました。こうした富士山を信仰・登拝（登山して礼拝する）の対象とする富士講が、十八世紀以降、江戸とその周辺地域に広がっていきます。富士講の人々は、自分たちの町や村に、富士山の形をまねた富士塚とよばれる塚を築き、いまでもその地名をとって、〇〇富士と呼ばれています。

２００９年4月　１７５号

雨乞いと大山

品種や肥料が改良され、田植えや稲刈りが機械で行われるようになった現代でも、稲作の出来は温度の高低や降雨量の多寡に大きく左右されています。まして江戸時代においては天候の影響はさらに大きいものであったことが想像されます。なかでも水田に稲を植え付ける田植えの時期に雨が降らないのは最も大変なことだったに違いありません。

十数年あるいは数十年に一度起きる日照りの時、村々では農民たちが相談をして、雨が降るようにさまざまな祈祷や儀礼をする雨乞《あまご》いを行いました。具体的には、雨や水に関係のある山の神様へ村の代表者が参詣して水をもらってきたり、水に関係の深い龍の絵を描いた掛け軸をかけて祈祷したりします。

雨乞いの際に参詣する山もさまざまでしたが、なかでも一番有名だったのは大山でした。丹沢山地の南端に位置する大山は、雨降山《あめふりやま》とも呼ばれ、雨や水にかかわる神として信仰を集めていました。大山へ赴いた村々の代表は、ご神水をいただくと不眠不休で村に戻ります。途中、休んだり止まったりすると、ご利益が無くなるとされていたのです。ご神水が村に到着すると、村の田に一面の水が張ることを願って、溜池や村で一番高いところにある水田にこの水を流すのです。

２００８年２月　１６１号

房総半島からの大山参りのルート

丹沢山地の南端に位置する大山は信仰の対象として崇められ、特に山頂の奥宮まで登ることができる六月から七月の山開きの際には、「大山参り」の参詣人によって、東海道や各地の大山道が賑わったことは前に述べたことがあります。ところで、こうした大山への参詣は、神奈川県内や江戸だけではなく、房総半島からも盛んに行われていたようです。

房総半島の南部からの大山参りは、通常、江戸へ出て、それから東海道を西へ向かうルートをとります。船で東京湾をわたり東海道の神奈川宿あたりに上陸する方が、距離的には短く便利なのですが、それでは途中の品川宿や川崎宿を「大山参り」の人々が通らなくなってしまい、それらの宿場の収入が減ってしまうため、このショートカットの行程は原則禁止されていたのです。とはいえ、参詣

する立場からいえば、距離的に短い方が便利なので、なかなか守られないのが実態でした。

天明八（一七八八）年六月、東海道の川崎宿は、このままでは宿内の旅籠屋の経営が成り立たないとして、大山参詣時の東京湾渡海禁止の命令を改めて出してくれるよう代官所へ願い出ています。この願いは受理されたようで、直ちにその旨を禁止する触がだされています。

２０１１年2月　１９７号

第4章　江戸こぼればなし

「春夏冬中」考

昼の食堂や夜の居酒屋・バーの入口に、「春夏冬中」という札がかかっているのをよく目にします。これは、「あきないちゅう」（「春夏冬」で四季の内の秋が無いので「あきない」となります）＝「商い中」と読みますが、どうも「営業中」と同じつもりで出しているお店が多いように見受けられます。しかし、「春夏冬中」（＝商い中）には、語呂合わせではありますが、「空きが無い」（空席が無いほどお客さんが入っている）や、「飽きがこない」（何度も繰り返しお客さんが来店する）といった意味も含まれていますので、「商売繁盛中」というのが正しい解釈ということになります。

「商売繁盛中」の札を出すのは少々おかしいようにも思われますが、これは民俗学でいう「予祝《よしゅく》」という行為にあたります。「予祝」とは、文字通りあらかじめ祝ってしまうことで、自分がこうあって欲しい、あるいはこうなって欲しいという事柄を、身振りや言葉で表現すると、天地・自然のエネルギーがそれに呼応し、実際にその通りになるという考え方で、受験や婚礼の時に「落ちる」「終わる」と言わないのと同じことなのです。

２００７年10月　１５７号

「二升五合」考

昔から居酒屋でよく聞く駄洒落に、「お酒はいかほど嗜みますか」という問いに、あまり飲めないので「少々《しょうしょう》です」と答えたところ、「升升《しょうしょう》＝二升とは結構な量ですな」と言いながらどんどんお酒を注がれてしまった、といった類の話があります。さすがに使い古され、賞味期限切れのような感じもして、最近はあまり聞かなくなりましたが。ちなみに「多少《たしょう》です」と答えると、「多升」でもっと飲めるという意味になるとか、ならないとか？。

こうした容積・体積の古い単位を使った語呂合わせとして、「二升五合」という言い回しがあります。この言葉は、前に触れたことがある「春夏冬中」（「秋」が無いので「あきない（商い）中」＝営業中の意）と同様に、飲食店の壁によく掛かっています。「二升五合」の内、「二升」は、升升《ますます》と読み、「益々」の意。「五合」は、一升（＝一〇合）の半分にあたるので、半升（はんしょう＝はんじょう）と呼んで、「繁昌」と解します。通して読むと「ますますはんじょう」＝益々繁昌という目出たい文言となり、「春夏冬中」と同じく、商売繁盛を願って店内に掲げているということになるのでしょう。

２００９年１月　１７２号

「四六時中」と「二六時中」

一昔、いや二昔ほど前までは、夜遅くまで残業してやっと一仕事終えた会社員の人たちが、「今日は四六時中頑張った」と言ったとか言わないとか。「四六時中」とは四×六の意味で、すなわち一日＝二十四時間を指しており、今日は一日一生懸命仕事をしたということになります。ところが、江戸の職人さんや農民たちは、「四六時中」とは言わず「二六時中」と言っていました。当時の暦法である太陰暦（いわゆる旧暦）では、一日を十二刻に分割していたので、こういう表現になるようです。おそらく「二六時中」という文言をふまえ、明治初年における太陽暦（新暦）の採用後、「四六時中」という言い回しが成立したのでしょう。

もっとも旧暦の一刻は、まず一日を昼と夜の二つに分け、さらにそれぞれを六つに分割したものであるというのが、正確な言い方になるでしょうか。つまり昼と夜の長さが同じになる春分と秋分だけは一刻＝二時間になりますが、昼が長く夜が短い夏の間は、昼の一刻は二時間より長くなり、夜の一刻は短くなるわけです（冬はその逆）。季節や昼・夜という時間帯によって基準となる時間単位の長さが変わるこのシステムの方が、職種や地域によって一日分の仕事量が異なる時代にはむしろ合理的であったということなのでしょう。

２００７年11月　１５８号

「八」「八分」考

ご飯をこれ以上食べることのできない満腹の状態よりも、気持ち少し足りない位で留めておいた方が身体の調子が良い、といった意味で使われる言葉に「腹八分」があります。もちろん正確に胃袋の大きさを計って、その八割というわけではないでしょうが。

「八」あるいは「八分」という数には、程良く多いといったイメージがあるようです。「ことの十分なるは、欠《かく》るの兆《きざし》、九分なるは充《み》つるの首《はじめ》」というように、物事が「十分」（一〇〇％）になってしまうと後は欠ける（減っていく）だけであり、「九分」（九〇％）も次に「十分」になり結局は落ち目になるとされ、好ましい数値とはされなかったようです。ちなみに、こうしたイメージは、晴れている限り毎日みることができる月の満ち欠けからきたものかもしれません。

これに対して、「八分」はまだまだ上昇していくだけの伸びしろもあり、漢字の字体自体が上が狭く下が広く縁起の良い「末広がり」であることもあって、好まれた数値になったのでしょうか。江戸の八百八町、京都の八百八寺、大阪の八百八橋、八百万《やおよろず》の神々、といった表現の仕方も、そうした「八」に対する感覚のあらわれと思われます。まあ嘘八百というのもあるので、全部そうとも言えないかもしれませんが。

２００８年４月　１６３号

詫び証文と「仍て件の如し」

江戸時代の村々の名主や庄屋を勤めた旧家には、「古文書《こもんじょ》」とよばれる多くの書類が残されています。その内容は、村の行政にかかわる公的なものから、家の冠婚葬祭などといった私的なものまで、多岐にわたります。こうした古文書には一定の書式があり、たとえば書止《かきとめ》といわれる文末の文言は、書状（手紙）の場合は「恐惶謹言」、証文（書類）のときは「仍て件の如し」（「よってくだんのごとし」と読みます）。

当時の村は、稲作を中心とする農業生産の単位であるとともに、いろいろな相互扶助を行う生活共同体でもありました。そのため、村人同士の悪口雑言や喧嘩といった事件が起こると、村内の有力者や寺院の住職などが仲裁に入り、問題を起こした者から相手方へ詫び証文を提出させ落着させるのが一般的でした。

詫び証文には、喧嘩をしかけた本当の理由が書かれることはなく、大部分の場合は「酒を飲んで酔ってしまい」と記されています。日常的に顔を合わせる生活環境の中では理由を明示しない方が好都合ということなのでしょうか。とはいえ証文の末尾が「仍（酔？）て件の如し」ですので、本当に泥酔した酒癖の悪さが原因だった場合も多少はあるのでしょう。

２００７年12月　１５９号

九十六文で百文とは？―「丁百銭」と「九六銭」

「早起きは三文の徳」や「二八そば」（かけそば一杯の値段が二×八＝十六文であることを示す）というように、江戸時代の庶民が日常的な買い物で使用している貨幣は、「文《もん》」を単位とする銭貨でした。それでは、何かの集まりの際に、一人あたり四文の割合で二十五人から集金すると、合計額はいくらになるでしょうか？。当時の資料をみると、「百文」の場合と「百四文」と記されている場合の二通りがあります。これは、百文の数え方に「丁百銭《ちょうびゃくせん》」と「九六銭《くろくせん》」という二つの数え方があったためです。

丁度百文という意味の呼び方である「丁百銭」が百文＝百文という普通の数え方であるのに対し、「九六銭」は九十六文で百文に換算する数え方です。一ダースが十二であるのと同じように、九十六が比較的割安い数値であるため、こうした数え方が日常的に用いられたのでしょう。ちなみに「九六銭」で四文×二十五人を計算すると、「丁百銭」の百文が九十六文＋四文となり、九十六文＝百文に四文を加えて「百四文」になる訳です。初めて聞くと少々ややこしいようにも思えますが、これで当時の人々は普通に計算していたのです。

２００９年6月　１７７号

今と昔の「一昔《ひとむかし》」

過去の流行歌や服装の流行を回顧する時、「一昔前は○○がはやっていた」という言い回しがよくつかわれます。同様なフレーズとして「十年一昔」があるように、現在の人々は「一昔」＝「十年」といった感覚で使用しています（「二昔《ふたむかし》」＝二十年？）。これは、数年単位における日常生活の時間の推移が、一九九〇年代や平成十年代というように、西暦や一世一元（天皇一代は同じ年号を使用することで、明治から採用された）の年号といった、いずれも長期間基準が継続することを踏まえた上で、おおむね十年単位（あるいはその半分の五年単位）で理解されることが多いためと考えられます。

これに対して、西暦が使用されておらず（あるいは世紀という感覚もなく）、年号も天皇一代で何度も変わり数年からせいぜい十数年しか同じ年号が続かなかった江戸時代において、当時の人々が感じていた「一昔」はどの位の年数だったのでしょうか。ピタリとそれに当てはまるような事例は確認できないので、想像の域を出ないのですが、当時における時間の推移は、おおむね子・丑・寅〜酉・戌・亥と数える「十二支」を基準にしていますので、十二年間単位（あるいはその半分の六年単位）であった可能性が強いと思われます。

2010年7月　190号

「上り」「下り」と地域名称

横浜市域を含む東京周辺の地名の中には、「上○○」と「下○○」というように、同一の地名の前に「上」と「下」が付されているケースをいくつもみることができます。この場合、おおむね京都に近い方が「上」、江戸・東京に近い方が「下」となっているのが一般的です。

これは地名呼称が確定した江戸時代における「上り」と「下り」の内容に関係しているのでしょう。東京方面へ向かうことを「上り《のぼ》」、東京から遠ざかる方面へ行くことを「下り《くだ》」とする現在とは異なり、江戸時代では京都方面へ行くことが「上り」、京都から離れる方向が「下り」とされていました。当時のメインルートである東海道に即していえば、江戸→京都が「上り」、京都→江戸が「下り」ということになります。江戸の人々が京都や大阪（大坂）方面を総称して「上方」（かみがた）と呼ぶのもそうした意識に基づくものなのでしょう。

また、共に千葉県に属する下総国と上総国の場合、古代の東海道の経路が相模国の三浦半島から浦賀水道を渡って上総へ入り、それから下総へ進む経路だったため、こうした「上」「下」の順序になったと言われています。

２００９年9月　１８０号

今と昔の季節感

一年を通して、春・夏・秋・冬という四つの季節がめぐる日本列島では、さまざまな年中行事が繰り返されてきました。また、七夕やお盆のように、気候や農作業の繁忙の関係で、旧暦で行っていた行事を同じ日付の新暦（太陽暦）に行うことが適さないものについては、「月遅れ」として一か月程度遅らせて行なうこともあります。明治時代の初めに旧暦から新暦へ移行した際の知恵ということになるでしょうか。

しかし、そうした日常的に使用する暦法の変化は、単に行事の日付を変えただけではなく、季節感の在り方をも微妙に変えていったようです。新暦では、春（三～五月）・夏（六～八月）・秋（九～十一月）・冬（十二～二月）と四季を区分するのに対し、旧暦では春（正～三月）・夏（四～六月）・秋（七～九月）・冬（十～十二月）となっています。たとえば、旧暦七月の行事は、「月遅れ」にすると新暦八月に該当することになるのですが、見落とすことの出来ないのは、それまで秋の行事として考えられていたものが、新暦では夏の行事になることです。つまり現在では夏の行事とされている七夕やお盆は、本来は秋の出来事と考えられていたわけです。新暦で春・夏・秋・冬の特徴とされる気候を待ち望む季節感が、旧暦の四季ということになるのでしょう。

２０１０年10月　１９３号

江戸時代も「ハンコ社会」

「ハンコ社会」とも呼ばれるように、現在の日本社会では、役所や会社への提出書類や、個人や団体相互間の契約書へ印鑑を捺《お》すことが一般的に行われています。こうした習慣は江戸時代から続くものであり、江戸時代においてもさまざまな書類へ印鑑を捺す必要があり、農民たちもそれぞれ印鑑を所持していました。そして、紛失などの理由で印鑑を変更するときには、一般の百姓は村の名主へ、名主は領主や代官へと、その変更届けを提出することが義務づけられています。

ただし、現在ではほとんどのハンコが朱印であるのに対し、江戸時代では公式な書類に朱印を使用することができるのは将軍のみであり、大名から一般の庶民は原則として黒印を使っていました。寺院や神社の御朱印からもうかがわれるように、朱印の色に尊厳性や権威性が意味づけられていたのでしょう。

また、庶民の中でも印鑑を使用することができたのは、原則としてそれぞれの家の当主のみに限られていました。若者や女性といったそれ以外の人々が捺印しなければならない場合は、印鑑の代わりに爪印（自分の指の爪に墨をつけて捺す）を捺していました。

２００８年11月　１７０号

三斎市と六斎市

「四日市」や「八日市」というように「○日市」という地名が、全国の各地に存在しています。これは、「四日市」であれば毎月四日・十四日・二十四日に、「八日市」であれば八日・十八日・二十八日というように、毎月三回、十日間ごとに商人や人々が集まり市場が立っていたことが地名として残ったものです。これらの場所は、いくつもの道が集まっている交通上の要衝に立地しています。ちなみにこうした月に三回行われる市のことを「三斎市」といいます。

もっと頻繁に市が立つ地域では、「六斎市」といって月に六回行われる所もあります。この場合は、一日・六日・十一日・十六日・二十一日・二十六日というように、おおむね五日間ごとに市が行われます。また、「六斎市」は一か所の市が単独で存在するのではなく、それぞれ一と六、二と七、三と八、四と九、五と十、の日にちが付く市が、当時の人々が一日を徒歩で移動可能な十里（四十キロ）の半分にあたる四～五里（十六～二十キロ）の距離を置いて連続するケースが多かったようです。商人達は荷物を担いで市から市へと移動し、物資を購入する人々も自分の住む村から朝早く市の立つ場所へ行き、その日の内に帰村するという距離なのでしょう。

２００８年８月　１６７号

言霊《ことだま》について

日本では古来より、縁起の良い言葉を話せば吉事が生じ、不吉な言葉を述べれば凶事が起こるとされています。また、一度出した言葉は取り消すことができず、そのため、軽い気持ちで言葉を発してはいけないともいわれています。これは、我々が話す言葉には言霊《ことだま》という、一種、霊的なものが宿っており、それが現実の事柄に影響を与えるのだという考え方です。

もっとも正確にいえば、人の身体に宿っている魂（たましい・タマ）のありようが、その人の行う身振りや手振り、あるいは言葉や視線といった行為や動きによって発現するのであって、言葉それ自体に何かしらの霊的なものが想定されている訳ではないようです。言いかえれば、人の魂が、口から発せられることにより、言葉に乗り移るということなのでしょう。

また、何かを祈願したり、呪文を称《とな》える時には、通常使用している言葉や言い回しではなく、お経や祝詞《のりと》のように、普通に聞いていると意味が理解しづらい、独特の表現や言い回しを用います。これは、聖的なものと交感するため、日常とは異なる厳粛さや敬虔さをあらわしているためと考えられます。

２００８年10月　１６９号

神秘なる音

電車や自動車の通行音、電話の呼び出し音など、さまざまな機械音・金属音に囲まれている現代とは異なり、かつて人々が日常的に聞いていたのは、そよぐ風や寄せる波が導き起こすさまざまな音であり、言い換えれば自然界に本来的に存在しているものだけでした。

こうした世界では、弓の弦を弾いて出るビューンという音や、鐘を撞《つ》いた時に響くゴーンという音は、日常的にあまり聞くことのない（当時の人々にとって）人工的なものであり、非日常的な神秘性を帯びたものとして受け取られていたようです。

また、神社の拝殿の前で行う柏手《かしわで》が神を招き寄せる行為であるように、人間が自分の身体を使って出す音色は、体内に籠もる魂《タマ》の発現として、本来は信仰的・宗教的な儀礼行為に関係すると考えられます。口・のどから発声する歌唱は言うまでもありませんし、笛・尺八・オーボエなどのように息を吹き込むことによって音が出る楽器は、生命の発露とも言うべき自らの息吹を吹き込んでいる訳で、文字通り「入魂」ということになります。前に触れた「言霊《ことだま》」との対比でいえば、可憐な少女の紡ぎだす音色には「音魂」が込められている、ということになるでしょうか。２００９年３月　１７４号

方位を示す色

相撲中継の時、よく耳にする言葉として「青房下」「白房下」があります。これは土俵上の屋根から四方に下げられている房の色にちなんだ呼び方で、「青房下」は土俵の東側を、「白房下」は西側を、それぞれ意味しています。ちなみに南側は「赤房下」、北側は「黒房下」となります。

東―青、西―白、南―赤、北―黒という方位に対応する色の配置は、東―青龍、南―朱雀（鳳凰のような鳥類）、西―白虎、北―玄武（蛇と亀が合体したもの）という東西南北にはそれぞれの方位を司る神獣（「四神」と総称される）がいるという古代中国に生まれ、日本にも影響を与えた考え方に由来しています、なお、朱は赤に、玄は黒に、それぞれ該当します。

こうした方位と色の関係は、また四季や人生にも当てはめられています。太陽が昇る東は暖かな春と身体・精神の成長期に、南は暑い夏と人生の盛期に、日が傾く方角である西は涼しい秋と人生の円熟期に、北は厳しい気候の中で春に向けてエネルギーを蓄積する冬と人生の終焉に、それぞれ対応しており、それぞれ「青春」「朱夏」「白秋」「玄冬」という言葉によって表現されています。

２００９年８月　１７９号

「玄人」と「素人」

専門家やプロ、あるいはその反対に初心者やアマチュアを意味する言葉に、「玄人」と「素人」があります。それぞれ「くろうと」「しろうと」と読みますが、ここでいう「くろ」と「しろ」は、黒＝ブラック、白＝ホワイトという色の概念ではなく、むしろ光の濃淡に近いイメージです。ただし、照明をスイッチで付けたり消したりするのではなく、少しずつ目盛りを回しながら、次第に暗くしていくような感覚で、最初の最も明るい状態が「素」、最後の真っ暗な状況が「玄」となります。

「玄」のように光が届かない場所は、たとえば深い洞窟の最奥部になりますが、それは同時に生命が発生する根源の場とも考えられていたようです。おそらく子供を産み出す器官である女性の子宮の在り方とイメージが重ねあわされているのでしょう。一方、「素」は、「素人」という言葉ではマイナスの意味合いで用いられていますが、「素朴」「素肌」という用法からもわかるように「生まれたて」の状態を維持している（純粋に近い状態）という側面もあります。いわば「素」から「玄」へ、「玄」から「素」へと循環・変化していくわけであり、本来、「玄人」と「素人」も、プロ・アマという単純な二分法ではなかったのでしょう。

２０１０年８月　１９１号

九尺二間の我が家

「九尺二間」とは、八っさん、熊さんや大家さんなど、落語でお馴染みの江戸の長屋の一軒分をさす言葉で、「九尺」とは表の間口、「二間」は奥行きになります。「九尺三間」とよばれる、それよりも幾分広いものもあったようですが、長屋の代名詞になる位ですので、「九尺二間」が標準サイズと考えてよいでしょう。

一間＝六尺、一間×一間＝一坪＝二畳という計算にあてはめると、「九尺二間」は一・五間×二間＝三坪＝六畳という広さになります。実際には竈《かまど》、流しがある台所と玄関口兼用の土間が一・五畳ほどになるので、部屋の部分はおおむね（押し入れ無しの）板の間の四畳半位になるでしょうか。畳が敷いてあるのは良い方で、ゴザ敷きの所もあったとか。もちろん、風呂は無くて、湯屋（銭湯）通い。トイレは外の共同便所、水道も外の井戸を共同で使用することになり、まさに井戸端会議の舞台になるわけです。おまけに壁は薄く、隣の部屋の話し声は筒抜けだったようです。現代風の表現にすれば、「1K、風呂無し、トイレ・水道等共用、隣室の声良く聞こえます」といった感じになるでしょうか。

もっとも家具というほどの物もあまりなく、せいぜい鍋・釜・米櫃に衣類・蒲団といった位でしょうか。逆にいえば、火事の時に持ちだして運べる程度の家具しか持たないということかもしれません。この広さでは、子持ちの夫婦では、文字通り川の字になって寝るしかなかったということになります。

2010年12月　195号

井戸の底から何が出る？

海に面した江戸の町では、井戸を掘っても淡水を得ることができないため、上水をはるばると引いていました。最も有名な玉川上水は、多摩川の水を羽村（東京都羽村市）の取水口で取り入れ、四谷大木戸（新宿区）までのびています。この間の距離は約四十三キロで開渠《かいきょ》となっていますが、塵芥（ゴミ）を投棄することは言うまでもなく、魚をとったり、水浴びも禁止されていました。

四谷大木戸からは、主要道路の地下に埋設された石樋・木樋を通して、江戸市中のすみずみまで配水されています。洗濯をしたり、米をといだりしながら、おかみさんたちが井戸端会議を楽しむ長屋の共同井戸も、実はこうした上水が流れ込んでいる井戸なのです。そのため、たまに多摩川の鮎が井戸へ流れ込んだこともあったとか。

毎年七月七日（旧暦なので、現在の感覚に直すと、おおむね一か月遅れの八月上旬頃）には、大桶を先に付けた綱を下ろして井戸の水を汲み出し、掃除を行う、井戸替えが行われます。長屋の男も女も総出で綱を引き、底が見えるようになると、一年の間に間違って落とした物などが見え、誰のものやらあれこれ話がつきないようです。

2007年8月　155号

富山の薬売りのおみやげ

薬箱を各家庭に置いてもらい、一年に一～二回訪れては、その間に使われた分の薬代だけを徴収し、あわせて使用された分の薬を補充する、一種の信用取引というべき「先用後利」の商いをしていた富山の薬売り。彼らが発明したものに、今のキャラメルやスナック菓子のおまけの元祖ともいうべき「みやげ」があります。

富山の薬売りの「みやげ」といえば紙風船が有名ですが、実は「みやげ」の最初のヒット商品は、富山で刷られた浮世絵でした。「売薬版画」と呼ばれるこの浮世絵は、江戸で作られた風景画・役者絵・開花絵といった浮世絵を模倣した内容です（安価で大量に印刷するためか、刷られた和紙の紙質は江戸のものに比べるとやや劣っていますが）。いわば江戸で集約された全国の文化・情報が一旦富山へ入り、さらに薬売りたちによって全国津々浦々へ広げられていったということになります。軽くて持ち運びに便利なだけではなく、マスコミュニケーションが発達していない当時においては、絵画に描かれたさまざまな情報（あわせて薬売りたちが各地で見聞した世間話）への需要が高かったのでしょう。

２００７年９月　１５６号

おわりに

「はじめに」に記したように、本書は神奈川新聞と『月刊リサイクルデザイン』への掲載原稿をまとめて一書にしたものです。

神奈川新聞の掲載原稿は、勤務先である横浜市歴史博物館のオープン直後における連載であり、今から思えば若書きの感は免れないものの、当時としては開館直後ということもあり、それなりに気負って書いた文章ではありました。神奈川新聞社の担当者との連絡・調整をはじめ、いろいろと手配りをして下さった当時の学芸課長である前沢和之さんとの会話を含めて、懐旧の念が少々よぎるのは年齢を経たせいかもしれません。そのまま埋もれさせてしまうには惜しいかなと思い、今回まとめさせていただきました。

『月刊リサイクルデザイン』の掲載原稿は、たまたま行き付けの飲み屋が一緒であった横浜市資源リサイクル事業協同組合の戸川孝則さんから依頼を受けたものです。思いもよらず、長期間の連載となりましたが、こちらはできるだけ柔らかくすることを意識して書き、やや脱線しすぎたかもしれません。左眼の網膜剥離手術の直後に依頼されたため、術後の回復の過程と重なり合った時期でもあり、それなりに愛着のある文章なので、今回あわせてまとめることとしました。なお、文中、飲み屋の描写が微妙に多いのは、元ネタを行き付けの飲み屋で考えていたことによります。その際、会話の相手とネタを提供して下さった、店長さん、美人バーテンダーのE子女史とA子嬢、アルバイトのN子さん、

M子嬢をはじめとする諸々の常連さんたちには御礼を申し上げます。

最後に本書の編集・刊行を担当していただいた神奈川新聞社の小林一登さんをはじめ、今までお世話になった方々に御礼を申し上げます。

著者略歴
斉藤　司（さいとう・つかさ）
昭和35（1960）年横須賀市生まれ。立正大学文学部史学科卒業、同大大学院修士課程・博士課程修了。調布市史編集室勤務を経て、横浜市ふるさと歴史財団職員として横浜市歴史博物館の開館準備に参加。開館後は横浜市歴史博物館の江戸時代（近世史）担当の学芸員として、「東海道と神奈川宿」「東海道と保土ケ谷宿」「東海道と戸塚宿」「横浜の礎（いしずえ）—吉田新田いまむかし」等の企画展を担当。

横浜江戸散歩

2015年1月9日　　初版発行

著　者　　斉藤　司

発　行　　神奈川新聞社
〒231-8445　横浜市中区太田町2-23
電話　045（227）0850

ISBN 978-4-87645-534-8 C0021